Prima edizione originale

ISBN: 978-3-98929-286-4

Avviso legale:
Book Shelter GmbH
Aufhäuserstraße 64
30457 Hannover
Germany

Intelligenza Artificiale per Principianti

7 libri in 1

Crea il vantaggio per il tuo futuro - Dalla vita quotidiana al lavoro, come usare l'IA senza rimanere indietro - IA generativa, etica dell'intelligenza artificiale - IA una innovazione tecnologica sempre più presente nella nostra vita quotidiana - Blockchain, una innovazione tecnologica distribuita che garantisce sicurezza e trasparenza e molto altro ancora

Matteo Massaroli

Matteo Massaroli è un professionista del settore assicurativo con una profonda passione per l'innovazione tecnologica e le nuove tecnologie. Agente generale per una compagnia assicurativa, è autore e voce del podcast Tic Toc Tech, dove spiega con linguaggio chiaro e coinvolgente i grandi temi dell'intelligenza artificiale (IA), un'innovazione tecnologica sempre più presente nella nostra vita quotidiana, della blockchain, un'innovazione tecnologica distribuita che garantisce sicurezza e trasparenza, del metaverso e della trasformazione digitale. Il suo obiettivo? Rendere comprensibili a tutti le tecnologie che stanno cambiando il nostro futuro, per aiutare tutti a non rimanere indietro e sfruttare al meglio i vantaggi di questa rivoluzione.

Sui suoi canali social condivide ogni giorno notizie tech, strumenti utili e soluzioni concrete adatte a chiunque: studenti, professionisti, aziende o semplici curiosi che vogliono avvicinarsi al mondo dell'innovazione. L'obiettivo è semplice: rendere l'innovazione tecnologica comprensibile e accessibile a tutti.

PREMESSA: PERCHE QUESTO LIBRO?

Ci sono passioni che nascono senza una ragione precisa. A volte basta una scintilla, una curiosità, un gioco che si trasforma in scoperta. La mia passione per l'innovazione tecnologica è nata così: con la voglia di capire cosa c'era dietro a uno schermo, con l'entusiasmo di un bambino che si meraviglia davanti a un computer acceso, con quella sensazione che ogni clic possa aprire un mondo nuovo. Non era solo divertimento. Era fame di sapere, desiderio di comprendere come funzionano le cose, bisogno di decifrare un linguaggio che sembrava accessibile solo a pochi. E io volevo farne parte.

Crescendo, quella passione non si è spenta. Anzi, è diventata più profonda, più consapevole. Ho iniziato a studiare, a sperimentare, a condividere. Ho aperto i miei canali social per portare l'innovazione tecnologica fuori dalle stanze chiuse, per renderla comprensibile, accessibile, utile. Ho cominciato a parlare di intelligenza artificiale, di sicurezza digitale, di strumenti concreti per migliorare la vita e il lavoro di tutti i giorni. Ho visto quanto le persone avessero bisogno di qualcuno che spiegasse questi concetti, semplificandone la comprensione. Qualcuno che traducesse un mondo complicato in soluzioni reali. E allora ho deciso di farlo. Ogni giorno. Per tutti.

Tuttavia, a un certo punto ho capito che non bastava. I social sono veloci, frammentati, effimeri. Serviva qualcosa di più solido, di più profondo. Un progetto che rimanesse nel tempo. Un contenuto che accompagnasse le persone e che potesse essere letto, sottolineato, ripreso, regalato. La parola scritta impegna, ma così è nato questo libro.

Non è un manuale tecnico. Non è una raccolta di definizioni. È una guida, un percorso, un viaggio. È la mia voce, che prova ad accompagnare chi è curioso ma non sa da dove partire, chi ha paura di restare indietro, chi intuisce che sta cambiando tutto... ma non ha ancora capito come o quanto.

Viviamo in un momento storico unico. L'intelligenza artificiale non è più solo teoria. È realtà. È nelle aziende, nelle scuole, nelle case, nei telefoni che teniamo in tasca, e nei prossimi anni, il suo impatto sarà profondo, trasversale e irreversibile. Forse persino più radicale di quello che fu, a suo tempo, l'avvento della corrente elettrica nelle nostre vite. Perché non illuminerà solo le città. Illuminerà le nostre scelte, il nostro lavoro, i nostri pensieri. Cambierà il modo in cui impariamo, comunichiamo, viviamo.

Ma ogni rivoluzione porta con sé una responsabilità. Per questo ho scritto questo libro. Per tendere una mano. Per offrire strumenti, conoscenza, consapevolezza. Per aiutare le persone a non sentirsi escluse, spaventate o confuse. Per far capire che si può essere parte attiva di questo cambiamento. Che non serve essere programmatori per comprendere l'IA. Serve solo voler capire e voler crescere.

Questo libro è per chi vuole imparare, per chi vuole proteggersi, per chi vuole costruire. Per chi crede che il futuro si scrive oggi, e non da soli. Per chi sa che l'innovazione tecnologica può essere uno strumento di libertà, ma solo se impariamo a governarla.

A te che stai per iniziare questo viaggio, voglio dire solo una cosa. non sei in ritardo. Non sei escluso. Non sei troppo giovane o troppo grande per capire. Questo libro è anche tuo. È il tuo strumento. È il tuo ponte verso un futuro che possiamo ancora rendere umano, etico e pieno di opportunità.

Perché questa rivoluzione non riguarda solo le macchine. Riguarda noi e il modo in cui scegliamo di viverla e di evolverci.

Dedico questo libro a me stesso, che ho affrontato ogni tempesta della vita senza mai abbassare lo sguardo, con determinazione e coraggio. A me che non ho mai smesso di credere nei miei obiettivi.

A Claudia, la mia compagna, il legame più autentico con la realtà umana in un mondo sempre più digitale. Ed al mio pubblico, che guarda al futuro con occhi curiosi, scegliendo ogni giorno di capire e non di temere.

Contenuto

Parte 1

Comprendere le basi: la tecnologia dietro l'intelligenza artificiale

CAPITOLO 1

TRA LE LINEE DEL CODICE: UN VIAGGIO NELL'INTELLIGENZA ARTIFICIALE, DALLA STORIA ALLE FRONTIERE DEL FUTURO

Nel corso degli ultimi decenni, l'intelligenza artificiale (IA), oggi considerata il motore della quarta rivoluzione industriale ha cessato di essere un concetto relegato alla fantascienza per diventare una delle forze più trasformative del nostro tempo. Oggi, parlare di IA significa confrontarsi con un'innovazione tecnologica che attraversa ogni ambito della società: dall'economia alla medicina, dall'educazione ai trasporti. Per comprenderne appieno il significato e le potenzialità, è necessario partire dalle sue radici, da quella domanda che nel 1950 Alan Turing pose con sorprendente lucidità: "Le macchine possono pensare?" Alan Turing è stato un matematico, logico, crittografo e filosofo britannico, considerato uno dei padri dell'informatica e uno dei più grandi matematici del XX secolo. Egli prese la questione cosi seriamente che creò il test di Turing, ovvero un criterio per determinare se una macchina sia in grado di esibire un comportamento intelligente. Una macchina può essere considerata intelligente se il suo comportamento è considerato indistinguibile da quello di una persona.

Con questa domanda, Turing non solo inaugurò un campo di ricerca completamente nuovo, ma mise in discussione la nostra stessa idea di intelligenza. Il suo celebre test, oggi noto come Test di Turing, proponeva un criterio semplice ma rivoluzionario: se una macchina riesce a sostenere una conversazione in modo tale che un interlocutore umano non riesca a distinguerla da un altro essere umano, allora essa può essere considerata intelligente.

Il test di Turing

In quel momento nacque una nuova disciplina che avrebbe unito informatica, logica, filosofia e neuroscienze in un unico, ambizioso obiettivo: replicare, o quantomeno simulare, l'intelligenza umana attraverso il codice.

Negli anni successivi, pionieri come John McCarthy, Marvin Minsky e Allen Newell cominciarono a sviluppare i primi sistemi in grado di eseguire compiti specifici. Programmi come ELIZA, che simulava una conversazione con uno psicoterapeuta, o SHRDLU, capace di interagire in un ambiente virtuale limitato, fecero intravedere il potenziale dell'IA. Tuttavia, le aspettative superarono presto le reali capacità tecniche hardware e le basse capacità di calcolo dell'epoca, portando a periodi di disillusione noti come "l'inverno dell'IA". Le aspettative superavano le capacità tecnologiche disponibili all'epoca.

Il vero punto di svolta arrivò con l'esplosione della potenza computazionale e la disponibilità di grandi quantità di dati. Grazie a queste due condizioni, l'IA ha conosciuto una rinascita straordinaria. Algoritmi più sofisticati, capaci di apprendere da milioni di esempi, hanno reso possibile l'analisi di immagini, testi, video e suoni con un livello di accuratezza prima impensabile. Oggi, termini come machine learning, ovvero l'apprendimento automatico che consente ai sistemi di migliorare le proprie prestazioni nel tempo, deep learning e natural language processing non sono più riservati agli specialisti, ma fanno parte del linguaggio quotidiano.

Emblematico è il caso del supercomputer Deep Blue che nel 1997 sconfisse il campione mondiale di scacchi Garry Kasparov. Ma ancor più impressionante fu AlphaGo di DeepMind, che nel 2016 superò il campione di Go Lee Sedol, in un gioco considerato immensamente più complesso degli scacchi per le sue innumerevoli variabili. Questi eventi non solo dimostrarono l'efficacia degli algoritmi intelligenti capaci di analizzare grandi moli di dati e prendere decisioni autonome intelligenti in grado di apprendere dai dati, ma mostrarono anche la loro capacità di sviluppare strategie inedite, a volte al di fuori della comprensione umana.

Negli anni, abbiamo cominciato a delegare progressivamente alle macchine una parte della nostra memoria e delle nostre decisioni. Se ti chiedessi cosa hai mangiato ieri, forse non lo ricorderesti subito, ma basterebbe sfogliare la galleria del tuo smartphone per trovare la foto del piatto. I nostri ricordi sono già custoditi nei dispositivi elettronici. Da anni, e ce ne accorgiamo solo ora. Spotify anticipa i nostri gusti musicali, Google completa i nostri pensieri nelle ricerche, il telefono ci suggerisce cosa scrivere. L'intelligenza artificiale silenziosamente ha fatto parte della nostra vita per anni. Solo oggi ce ne accorgiamo davvero.

Google ha giocato un ruolo centrale in questa storia. Già nel 2001 correggeva automaticamente l'ortografia delle ricerche. Nel 2012 ha introdotto gli snippet testuali che offrono risposte rapide direttamente sopra i risultati. Poi ha lanciato il Knowledge Graph: una biografia sintetica, generata da

IA, che appare a destra della pagina dei risultati. In questo modo, l'utente ottiene subito ciò che cerca e non ha più bisogno di visitare altri siti. Google ha trasformato il web da rete di contenuti a piattaforma di risposte. Tutto questo cambierà il futuro prossimo di Internet, per sempre.

La storia di Google

Nel novembre 2022, tutto cambia. OpenAI rilascia ChatGPT 3.5 gratuitamente. In soli due giorni raggiunge un milione di utenti. In due mesi, cento milioni. È l'inizio dell'era dell'intelligenza artificiale. Google, colta di sorpresa, risponde in fretta: a marzo 2023 lancia Bard. Tuttavia, durante la presentazione, Bard commette un errore clamoroso: afferma che il telescopio James Webb ha scattato la prima foto di un pianeta fuori dal nostro sistema solare, quando in realtà quella foto risale al 2004 ed è del telescopio Very Large. Il risultato? Una perdita di circa 100 miliardi di dollari di capitalizzazione in un solo giorno.

La verità è che Google non poteva rischiare. Il suo modello di business si basa sulla pubblicità: ogni clic vale denaro. Sperimentare con un assistente conversazionale che offre risposte senza necessità di cliccare avrebbe potuto minare le fondamenta del suo impero. Microsoft, invece, che ha investito in OpenAI, ha poco da perdere con Bing e molto da guadagnare: può osare, integrare GPT nei propri prodotti e posizionarsi come leader del nuovo paradigma.

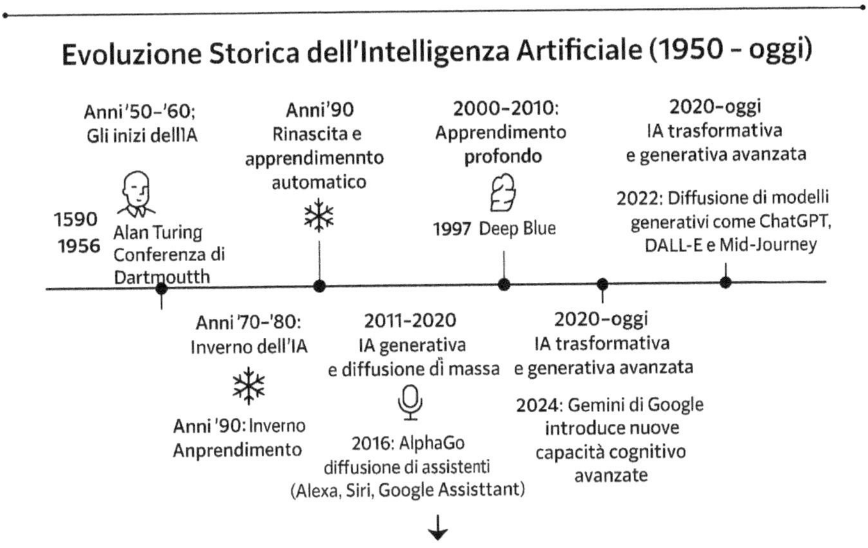

Evoluzione storica IA

L'avvento dell'IA generativa ha segnato un ulteriore salto evolutivo. Modelli come GPT, Midjourney e Stable Diffusion non si limitano a riconoscere o classificare, ma creano: scrivono testi, generano immagini, compongono musica, elaborano codice. A partire dal 2023, l'attenzione si è spostata verso modelli multimodali, capaci di comprendere e generare testo, immagini, audio e video nello stesso flusso di conversazione. Esempi come GPT-4o, Gemini 1.5 e Claude 3 dimostrano la tendenza a unire più competenze in un'unica IA "universale". Parallelamente, modelli come Sora di OpenAI stanno aprendo la strada alla generazione video fotorealistica, un ambito che promette di rivoluzionare cinema, pubblicità e formazione. ChatGPT, ad esempio, ha mostrato al grande pubblico quanto una macchina possa avvicinarsi a un dialogo umano credibile, con risposte pertinenti, articolate e contestualizzate. In appena due mesi dal suo rilascio, ha raggiunto 100 milioni di utenti attivi, un record assoluto nel mondo delle tecnologie digitali. Forse, la vera rivoluzione non sta tanto in ciò che queste tecnologie fanno, quanto in ciò che ci costringono a riconsiderare. Per secoli abbiamo custodito la creatività come l'ultima roccaforte dell'animo umano, un dono misterioso e impalpabile che ci rende unici, irripetibili.

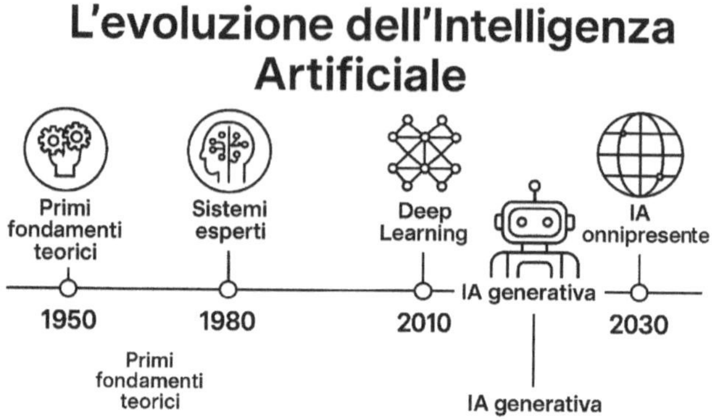

Evoluzione e futuro dell'IA

Pensavamo che fosse fatta di intuizione, emozione, imperfezione. E invece, oggi ci troviamo di fronte a macchine capaci di generare racconti che commuovono, opere d'arte che ispirano, idee che sorprendono.

Allora cos'è davvero la creatività? È ancora un'esclusiva dell'essere umano? O è piuttosto il risultato di connessioni profonde tra frammenti di conoscenza, di associazioni inaspettate tra dati e intuizioni, che possono nascere anche da un algoritmo?

Cos'è la creatività?

Queste nuove intelligenze ci stanno insegnando che forse la creatività non è magia, ma un linguaggio universale, una struttura che può emergere ovunque ci siano informazioni da rielaborare, emozioni da simulare, storie da raccontare. Ed è in questa scoperta che si nasconde una delle più grandi sfide del nostro tempo: imparare a condividere anche l'arte di creare.

Ma come funziona, in fondo, questa "intelligenza"? Alla base vi è un principio semplice ma potente: l'apprendimento dai dati. Le macchine non possiedono coscienza, intenzionalità o comprensione nel senso umano. Esse elaborano modelli statistici in grado di identificare pattern, fare previsioni e generare risposte plausibili. Il cuore dell'IA moderna risiede negli algoritmi intelligenti capaci di analizzare grandi moli di dati, e prendere decisioni autonome intelligenti e nella capacità di apprendere dai dati attraverso il machine learning, ovvero un apprendimento automatico, che consente ai sistemi di migliorare le proprie prestazioni nel tempo, in particolare in quelli di deep learning, che utilizzano reti neurali artificiali ispirate alla struttura del cervello umano. Questi sistemi vengono addestrati con enormi quantità di dati e migliorano progressivamente le loro prestazioni man mano che ricevono nuovi esempi.

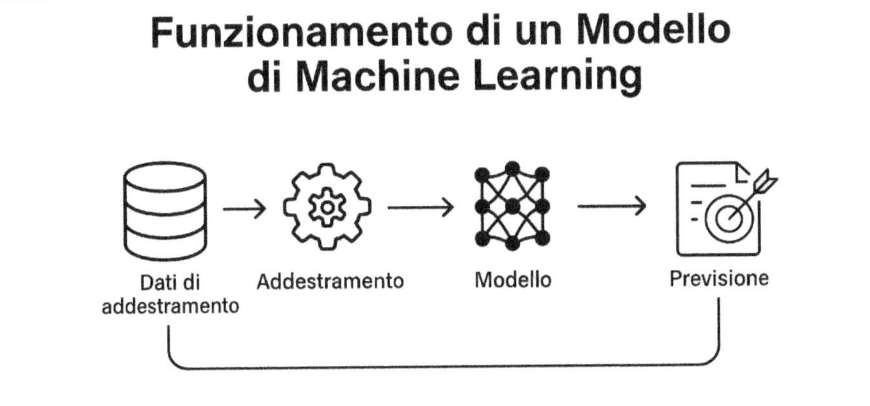

Modello Machine learning

Oggi, l'intelligenza artificiale permea ogni ambito della nostra vita. Nella medicina, supporta diagnosi precoci e terapie personalizzate. Nella finanza, identifica frodi e ottimizza investimenti. Nei trasporti, consente la guida autonoma. Nell'istruzione, personalizza i percorsi di apprendimento. Persino nei servizi pubblici, viene usata per analizzare flussi demografici, prevedere la domanda e gestire infrastrutture urbane.

Esempi di Utilizzo dell'IA nei vari Paesi

Un esempio concreto arriva da Singapore, dove l'IA governa gran parte del traffico cittadino: sensori e telecamere inviano dati in tempo reale a un sistema centrale che regola i semafori, devia il traffico in caso di incidenti e segnala automaticamente le infrazioni. Questo ha ridotto del 25% i tempi medi di percorrenza e migliorato la sicurezza stradale

Tuttavia, il cammino dell'IA non è privo di ostacoli. I sistemi intelligenti riflettono i dati su cui vengono addestrati, e questi dati spesso incorporano i pregiudizi, gli stereotipi e le ingiustizie della nostra società. Ne derivano rischi significativi: decisioni discriminatorie, mancanza di trasparenza, vulnerabilità alla manipolazione. La ricerca sull'IA spiegabile (XAI) si concentra proprio su questi aspetti, cercando di rendere comprensibili i processi decisionali delle macchine, specialmente nei contesti critici come la salute, la giustizia o la sicurezza. L'obiettivo non è solo capire cosa decide un algoritmo, ma soprattutto perché prende una certa decisione e come arriva a quella conclusione. Questo approccio nasce da una necessità profonda: la fiducia. Le persone non si fidano di ciò che non comprendono, e quando una macchina prende decisioni che impattano la nostra vita, il bisogno di trasparenza diventa imprescindibile.

Negli algoritmi intelligenti capaci di analizzare grandi moli di dati, di apprendere dai dati complessi e di prendere decisioni autonome intelligenti, e nei sistemi basati su reti neurali profonde (deep learning), il processo di calcolo è spesso opaco, quasi una "scatola nera": questi modelli forniscono risultati estremamente accurati, ma non spiegano i passaggi intermedi che portano a quei risultati. Questo crea un paradosso: più un modello è potente, meno è interpretabile. Da qui nasce l'urgenza dell'IA spiegabile, che si propone di illuminare l'interno di questa scatola nera, restituendo agli esseri umani una chiave di lettura dei meccanismi interni.

In campo medico, per esempio, un modello di IA potrebbe diagnosticare una patologia con altissima precisione, ma un medico non può affidarsi ciecamente a quella diagnosi senza comprenderne la logica sottostante. Ha bisogno di sapere su quali sintomi, quali dati clinici, quali immagini l'IA si è basata per emettere quel verdetto. Senza una spiegazione chiara, il medico si trova in una posizione difficile: accettare un risultato senza comprenderlo è contrario all'etica professionale. Lo stesso vale per un giudice che deve decidere se concedere la libertà vigilata a un detenuto basandosi su una valutazione effettuata da algoritmi intelligenti capaci di analizzare grandi moli di dati e prendere decisioni autonome intelligenti sul rischio di recidiva. O per un sistema di sorveglianza che segnala automaticamente un comportamento come sospetto.

Per rispondere a queste sfide, gli studiosi e gli ingegneri stanno sviluppando metodi per "tradurre" il linguaggio delle macchine in termini umani. Alcuni approcci si basano su visualizzazioni che mostrano quali input hanno avuto il maggior peso nel processo decisionale. Altri creano versioni semplificate del modello, più facili da comprendere, che imitano il comportamento del modello originale, pur essendo meno precisi. C'è anche chi lavora su modelli intrinsecamente interpretabili: invece di costruire un algoritmo potente e poi spiegarlo, si parte fin da subito con l'obiettivo della chiarezza.

Ma l'XAI non si limita solo a fornire spiegazioni tecniche: ha anche una dimensione etica e sociale. In un mondo sempre più guidato da algoritmi intelligenti capaci di analizzare grandi moli di dati, di apprendere da essi e prendere decisioni autonome intelligenti, la spiegabilità è un prerequisito per garantire equità, inclusione e responsabilità. Senza spiegazioni accessibili, è difficile individuare bias, pregiudizi o errori sistemici nei dati su cui si basano le decisioni automatiche. Un'IA che discrimina silenziosamente in base al genere, all'etnia o alla condizione sociale può passare inosservata se non si ha il modo di analizzare il suo funzionamento interno. La trasparenza, in questo senso, non è solo una questione tecnica, ma uno strumento per difendere i diritti delle persone.

Per questo motivo, governi e istituzioni stanno introducendo regole specifiche. L'Unione Europea ha varato l'AI Act, il primo regolamento al mondo che classifica i sistemi di IA in base al livello di rischio (basso, alto, inaccettabile) e stabilisce obblighi di trasparenza, test e certificazione. Negli Stati Uniti, il NIST sta definendo linee guida volontarie, mentre in Cina è già obbligatorio segnalare i contenuti generati da IA. In futuro, sarà sempre più importante che i sistemi di intelligenza artificiale non siano solo intelligenti, ma anche comprensibili. La sfida dell'XAI è proprio questa: costruire un ponte tra la potenza computazionale delle macchine e la capacità umana di comprendere, valutare e, se necessario, contestare una decisione automatizzata. In definitiva, l'IA spiegabile non è un lusso, ma una condizione necessaria per un'intelligenza artificiale al servizio delle persone e non al di sopra di esse.

In parallelo, le grandi potenze tecnologiche del mondo stanno investendo miliardi per conquistare la leadership in questo settore. Aziende come Google,

Microsoft, Amazon, Meta e OpenAI si contendono il primato nello sviluppo dei modelli più avanzati, mentre governi come quello cinese, americano ed europeo elaborano strategie geopolitiche centrate sull'IA. La posta in gioco non è solo economica: è culturale, politica e sociale.

Ci troviamo, dunque, a un bivio. Da un lato, l'IA rappresenta un'opportunità straordinaria per migliorare la qualità della vita, democratizzare l'accesso alla conoscenza e potenziare le capacità umane. Dall'altro, rischia di amplificare le disuguaglianze, consolidare monopoli, erodere la nostra autonomia. Il futuro non è determinato dall'algoritmo, ma da come decidiamo di usarlo.

Come ricordava Norbert Wiener, pioniere della cibernetica: "Il controllo senza comprensione è pericoloso". Ecco perché, prima ancora di sviluppare tecnologie sempre più avanzate, dobbiamo imparare a comprenderle. Solo così potremo costruire un futuro dove le macchine siano al servizio dell'umanità, e non il contrario.

CAPITOLO 2

ALGORITMI IN EVOLUZIONE: MACHINE LEARNING E INTELLIGENZA AUTOMATICA

Quando sentiamo parlare di "algoritmo", spesso pensiamo a formule matematiche complesse, a equazioni astratte o a codici incomprensibili. In realtà, un algoritmo è semplicemente un insieme di istruzioni per svolgere un compito. Come una ricetta di cucina, guida passo dopo passo verso un risultato. Nell'ambito dell'intelligenza artificiale tuttavia, questi algoritmi intelligenti capaci di analizzare grandi moli di dati, di apprendere da essi e di prendere decisioni autonome intelligenti diventano il cuore pulsante del processo decisionale: sono loro a trasformare i dati in intuizioni, in previsioni e in azioni. Ma per farlo davvero bene, devono imparare, adattarsi ed evolversi. Ed è qui che entra in gioco il machine learning, ovvero l'apprendimento automatico che consente ai sistemi di migliorare le proprie prestazioni nel tempo. Il machine learning è la disciplina che permette ai computer di migliorare le proprie prestazioni attraverso l'esperienza. Non si tratta più di programmare ogni singolo passo, ma di fornire esempi dai quali l'algoritmo può apprendere autonomamente. Questo approccio ha rivoluzionato l'informatica: oggi, invece di dire al software "come" fare qualcosa, gli si mostra cosa fare, lasciandolo scoprire le regole da solo. Questo nuovo approccio ha avuto un impatto enorme in moltissimi ambiti: dalla medicina alla finanza, dal marketing alla robotica. Le macchine non solo imparano, ma sono in grado di adattarsi a contesti in continua evoluzione, analizzando modelli ricorrenti e anticipando comportamenti futuri.

Come funziona il Machine learning

Le principali tipologie di apprendimento automatico si distinguono in tre filoni: supervisionato, non supervisionato e per rinforzo.

Tipi di apprendimento

Nell'apprendimento supervisionato, gli algoritmi intelligenti vengono addestrati su un insieme di dati etichettati. È il classico esempio delle 1000 foto di cani con l'etichetta "cane" e delle 1000 foto di gatti con l'etichetta "gatto". Fornendo questi dati in ingresso, la macchina impara a riconoscere autonomamente le differenze tra le due categorie. Tutto dipende dalla quantità e dalla varietà di esempi che vengono forniti: se si mostrano solo immagini di cani e gatti in primo piano, al cambiare dell'angolazione, magari un gatto visto di profilo, con un'orecchia abbassata o addirittura una zampa mancante, il modello potrebbe fallire. Per questo diventa fondamentale offrire un addestramento profondo, ricco di casi eterogenei.

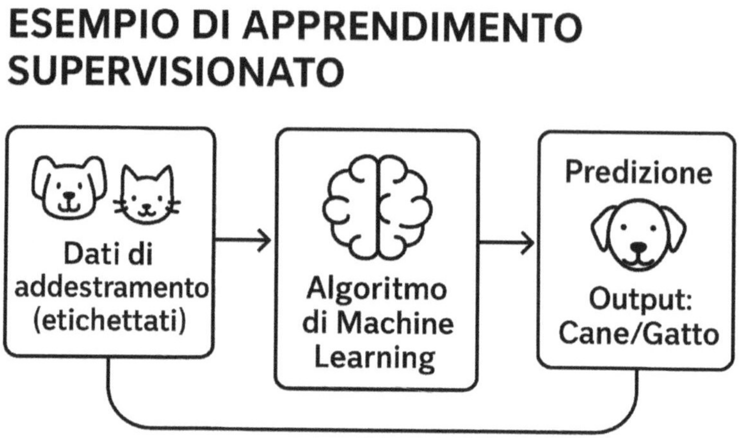

Apprendimento supervisionato

Negli scenari reali, l'etichetta associata alle immagini serve anche come guida nei casi più ambigui, aiutando la macchina a fare previsioni corrette e a minimizzare gli errori. Verrebbe naturale pensare che tutto sia semplice e lineare: cosa potrebbe mai andare storto?

Eppure, è possibile persino "avvelenare" le immagini. È quello che fa uno strumento chiamato Nightshade, sviluppato per difendere i diritti degli artisti. Questo strumento consente di allegare ai contenuti delle modifiche invisibili che compromettono il corretto apprendimento dell'IA. Ad esempio, un'immagine di un cane può essere etichettata come "gatto"; la vera genialità di Nightshade è che agisce direttamente sui pixel: anche se visivamente l'immagine rappresenta un cane, il modello la interpreterà come qualcos'altro, addirittura un tavolo.

Il risultato? Se un artista crea un'immagine di un gatto e questa viene sottratta per addestrare una IA, l'immagine "avvelenata" farà sì che il modello, una volta istruito, associ il concetto di gatto a qualcosa di totalmente errato. Quando l'utente chiederà all'IA di generare un'immagine di un gatto, potrebbe ritrovarsi davanti un tavolo con le orecchie pelose. Un sabotaggio creativo che diventa un atto di difesa.

Nell'apprendimento non supervisionato, invece, si lavora con dati non etichettati. L'algoritmo cerca di identificare automaticamente schemi, strutture, correlazioni. Un esempio classico è il clustering: l'algoritmo esamina i dati e li raggruppa in base a similarità, senza che nessuno gli abbia detto prima cosa cercare. Questo approccio si rivela molto utile in contesti dove i pattern non sono espliciti: dalla segmentazione dei clienti in un'azienda alla rilevazione di frodi finanziarie. Una volta che il sistema ha imparato a riconoscere un gruppo di transazioni sospette, è in grado di confrontare milioni di operazioni e mettere in evidenza quelle che rientrano in schemi anomali, diventando un potentissimo strumento di indagine.

Non solo: queste stesse tecniche possono essere applicate in campo medico. Insegnando alla macchina come si sviluppa una malattia, essa sarà in grado di riconoscerne i primi segnali, magari quando è ancora in fase embrionale, aumentando enormemente le possibilità di una diagnosi precoce e di un intervento tempestivo. Le implicazioni in termini di vite salvate sono incalcolabili. Un'applicazione concreta si trova anche nella cybersecurity: algoritmi di clustering non supervisionati vengono impiegati per rilevare pattern anomali nel traffico di rete. In questo modo, è possibile intercettare attività sospette o attacchi zero-day (cioè non ancora catalogati) prima che vengano rilevati dalle difese tradizionali.

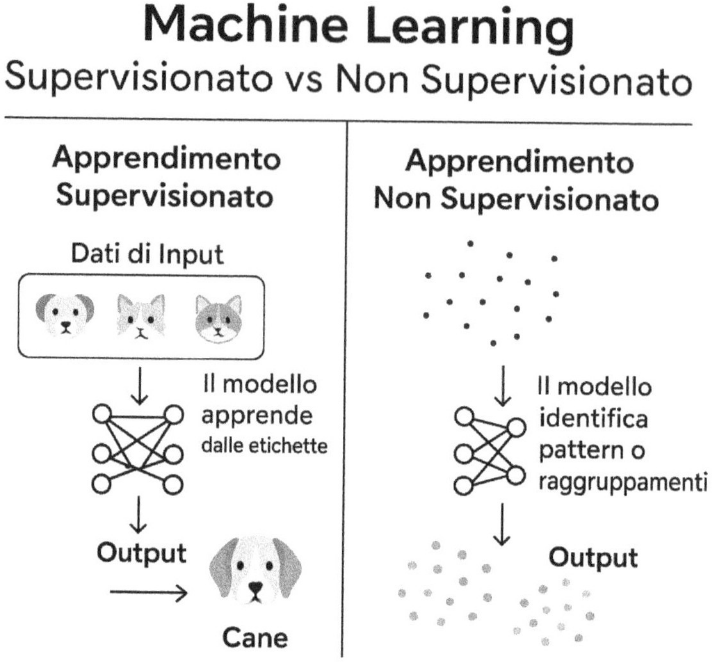

Apprendimento non supervisionato

Infine, l'apprendimento per rinforzo si basa su un principio diverso: l'algoritmo non riceve esempi né etichette, ma solo un obiettivo da raggiungere. Deve esplorare l'ambiente, provare, sbagliare, riprovare, ricevere ricompense o penalità in base al risultato delle sue azioni, e migliorare così il proprio comportamento.

Un esempio iconico è quello sviluppato da DeepMind, la società acquisita da Google. Alla macchina viene dato solo il compito di ottenere il punteggio più alto in un videogioco Atari. Inizialmente non sa cosa fare: perde la pallina, sbaglia tutto. Ma nel giro di poche ore capisce che colpendo i mattoncini guadagna punti. E dopo ulteriori tentativi scopre da sola che, scavando un passaggio nei mattoncini e lasciando che la pallina rimbalzi sopra, può accumulare punti in modo molto più efficiente. Nessuno le ha spiegato la strategia: l'ha dedotta sperimentando.

Apprendimento per rinforzo

Oltre alle tre categorie principali (supervisionato, non supervisionato e per rinforzo) stanno emergendo nuovi approcci innovativi che anticipano il futuro dell'apprendimento automatico. L'apprendimento **semi-supervisionato** combina un piccolo insieme di dati etichettati con una grande quantità di dati non etichettati, riducendo tempi e costi di preparazione, senza compromettere le prestazioni. L'**apprendimento auto-supervisionato**, invece, è alla base di modelli linguistici avanzati come GPT: qui l'IA genera autonomamente i "compiti" da risolvere durante l'addestramento, simulando una sorta di auto-apprendimento guidato.

Nei prossimi anni, la convergenza tra machine learning tradizionale, approcci emergenti e intelligenza artificiale generativa darà vita a sistemi capaci non solo di riconoscere e classificare, ma anche di simulare, scenari complessi e generare soluzioni in autonomia. Ciò aprirà la strada a innovazioni radicali: dall'ingegneria assistita dall'IA alla medicina di precisione, fino a sistemi predittivi in grado di prevenire disastri ambientali e ottimizzare la gestione delle risorse globali. La sfida sarà garantire che questa nuova generazione di algoritmi rimanga trasparente, etica e accessibile, per evitare che il potere decisionale si concentri in poche mani.

Arrivati a questo punto, è importante fare una distinzione: machine learning, ovvero l'apprendimento automatico che consente ai sistemi di migliorare le proprie prestazioni nel tempo e deep learning non sono sinonimi. Il deep learning è un'evoluzione del primo. Mentre il machine learning richiede ancora una certa supervisione umana, il deep learning, grazie all'uso di reti neurali artificiali profonde, apprende da solo con un intervento minimo. Le reti neurali sono strutture ispirate al cervello umano: composte da strati di "neuroni" digitali che elaborano i dati in modo sempre più astratto, permettono di affrontare problemi complessi con un livello di autonomia sorprendente.

Tuttavia, tutta questa potenza richiede risorse. Hardware avanzati, chip sempre più performanti e un'enorme capacità computazionale. Non è un caso se aziende come NVIDIA stanno vivendo un vero boom: la domanda di processori per IA è cresciuta a tal punto da superare l'offerta. E la corsa non sembra destinata a fermarsi. L'efficacia di questi modelli si riflette nella nostra quotidianità. Piattaforme come Netflix utilizzano sofisticati algoritmi intelligenti capaci di analizzare grandi moli di dati e prendere decisioni autonome intelligenti per suggerire contenuti personalizzati.

Amazon sfrutta il machine learning per prevedere i prodotti che potremmo voler acquistare. Le app di navigazione come Google Maps usano modelli predittivi per stimare il traffico e calcolare percorsi alternativi. Nel settore bancario, gli algoritmi intelligenti sono fondamentali per rilevare frodi in tempo reale, analizzando schemi anomali nelle transazioni. Nella medicina, i sistemi basati su deep learning sono in grado di analizzare immagini radiologiche con un'accuratezza paragonabile (e talvolta superiore) a quella dei medici specialisti.

Tuttavia, il machine learning non è magia. Ogni algoritmo attraversa un ciclo di vita ben definito. Si parte dalla raccolta dei dati, che devono essere rappresentativi e affidabili. Segue la fase di pulizia e pre-elaborazione, in cui si eliminano dati mancanti, anomalie o rumore. Successivamente, si sceglie il modello da utilizzare, lo si addestra su un set di dati, lo si valida con dati separati e lo si ottimizza. Infine, il modello viene implementato e monitorato nel tempo, perché un sistema che funziona oggi potrebbe non essere più valido domani, se le condizioni cambiano. Uno degli aspetti più delicati del machine learning riguarda l'equilibrio tra potenza e trasparenza. Gli algoritmi intelligenti, in grado di apprendere dai dati più sofisticati, come le reti neurali profonde, sono spesso considerati "black box", cioè scatole nere. Funzionano molto bene, ma è difficile capire come arrivino a una certa decisione. Questo pone problemi etici e pratici, soprattutto in ambiti sensibili come la giustizia, la sanità o la finanza. La crescente attenzione verso l'Explainable AI (XAI) mira proprio a risolvere questo problema: rendere interpretabili i modelli, spiegando le logiche che guidano le decisioni e rendendo l'IA più trasparente e affidabile. Inoltre, non possiamo ignorare il problema dei bias. Gli algoritmi intelligenti apprendono dai dati, e se i dati riflettono pregiudizi o disuguaglianze sociali, anche il modello li replicherà. Ciò può portare a discriminazioni sistemiche, come dimostrato in casi reali di software di selezione del personale o sistemi predittivi nella giustizia penale. La sfida è quindi duplice: migliorare la qualità dei dati e sviluppare modelli robusti contro le distorsioni. Fortunatamente, la democratizzazione dell'IA permette oggi a chiunque di esplorare queste tecnologie. Librerie open source come Scikit-learn, PyTorch,

TensorFlow e Keras rendono accessibili strumenti avanzati. Ambienti come Google Colab offrono gratuitamente infrastrutture cloud per sperimentare senza dover installare nulla. Piattaforme come Teachable Machine consentono di costruire modelli semplici con interfacce visive, senza scrivere codice. L'evoluzione del machine learning non si ferma. Stanno emergendo tendenze innovative come l'AutoML, che automatizza la selezione dei modelli e dei parametri ottimali, il Federated Learning, che consente di addestrare modelli su dispositivi distribuiti mantenendo i dati in locale e tutelando la privacy degli utenti, il TinyML, che porta l'intelligenza artificiale anche su dispositivi a bassa potenza come sensori, droni e wearable. Tutto questo allarga il campo di applicazione dell'IA, rendendola più pervasiva, sostenibile e inclusiva.

Privacy

In conclusione, viviamo in un'epoca in cui gli algoritmi intelligenti non sono più solo strumenti tecnici, ma attori centrali nella nostra società. Influenzano ciò che vediamo online, i prodotti che compriamo, le diagnosi che riceviamo, le decisioni che prendiamo. Per questo, comprenderli non è più un lusso da specialisti, ma una necessità per ogni cittadino consapevole. L'intelligenza artificiale non è neutra: è un riflesso delle nostre scelte, dei nostri valori, della nostra visione del mondo. E proprio per questo, merita di essere conosciuta, discussa, e, soprattutto, guidata. Solo così potremo costruire un futuro in cui l'IA non sostituisca l'uomo, ma ne migliori le potenzialità, lo supporti e lo rispetti.

CAPITOLO 3

LA RIVOLUZIONE DELLA BLOCKCHAIN: L'IMPORTANZA DI UNA TECNOLOGIA RIVOLUZIONARIA

Anche se oggi se ne parla tantissimo, in realtà l'innovazione tecnologica su cui si basa la blockchain, un'evoluzione tecnologica che sta trasformando radicalmente ogni settore, basata su registri distribuiti, che assicura tracciabilità, immutabilità, sicurezza e trasparenza risale al 1982. Ma è solo nel 2008 che entra ufficialmente in scena con l'introduzione di Bitcoin, grazie a un misterioso personaggio o gruppo noto come Satoshi Nakamoto. Nel whitepaper pubblicato da Nakamoto viene presentato un sistema di moneta digitale completamente decentralizzato, senza intermediari e privo di controllo centrale. Il lancio di Bitcoin nel 2009 ha segnato l'inizio di una nuova era finanziaria. Anche se all'epoca il concetto era solo teorico e molto lontano da qualunque applicazione pratica, rappresentava già un'intuizione straordinaria. Nessuno, allora, avrebbe potuto prevedere che questa struttura distribuita e crittografata sarebbe diventata la base di una delle più grandi rivoluzioni tecnologiche del nostro secolo.

La decisione di Nakamoto di restare nell'anonimato è stata probabilmente una scelta strategica. Dopo quasi vent'anni, ancora nessuno sa con certezza chi si celi dietro quel nome. Eppure la rete funziona. È una dimostrazione silenziosa, ma potente, della solidità di questa innovazione. Il termine whitepaper indica un documento tecnico in cui vengono spiegati nel dettaglio i principi, le architetture e le finalità di un progetto. Quello di Bitcoin, intitolato "Bitcoin: A Peer-to-Peer Electronic Cash System", scritto proprio da Satoshi Nakamoto è stato pubblicato nel 2008 Questo documento di 9 pagine, seppur breve, ha presentato in modo dettagliato il concetto di Bitcoin e l'innovazione tecnologica sottostante della blockchain. Nel documento si delinea il funzionamento della rete, il processo di mining, la struttura dei blocchi e le basi della crittografia utilizzata per garantire la sicurezza, e condensava anni di riflessioni su temi economici, informatici e crittografici. Per molti esperti del settore, rappresenta l'equivalente di una vera e propria "Dichiarazione di indipendenza" della finanza digitale. È stato studiato, analizzato, commentato e replicato da migliaia di progetti successivi.

Secondo le stime, Nakamoto avrebbe minato centinaia di migliaia di bitcoin nei primi mesi, oggi valutati miliardi di dollari. Curiosamente, però, non ha mai spostato un solo bitcoin dal suo portafoglio originale. Il motivo resta un mistero. Ma è anche questa riservatezza a rafforzare la narrazione mitica attorno alla sua figura. Un fatto curioso riguarda Hal Finney, pioniere della crittografia e primo in assoluto a ricevere una transazione in bitcoin direttamente da Nakamoto. Alcuni sostengono che conoscesse la sua identità...

A questo punto è naturale chiedersi cos'è davvero il mining e come funziona. Si tratta del processo attraverso cui nuovi blocchi, contenenti le transazioni della rete, vengono creati e aggiunti alla blockchain. I miner, ovvero coloro che partecipano a questo processo, utilizzano computer potenti per risolvere complessi problemi matematici. Ogni volta che viene effettuata una transazione, questa viene trasmessa alla rete e finisce in un'area chiamata mempool, in attesa di conferma.

Nelle fasi di picco, la mempool si affolla e nasce un mercato delle commissioni: chi paga di più viene incluso prima. Questo crea un meccanismo di prioritizzazione che incentiva comportamenti efficienti e riduce lo spam, ma impone anche scelte consapevoli a chi invia transazioni (costo vs. urgenza).

I miner raccolgono queste transazioni dalla mempool e le inseriscono in un blocco che cercano di validare risolvendo un problema crittografico complesso. I problemi matematici risolti durante il mining non sono casuali: si basano su funzioni hash crittografiche che assicurano che ogni tentativo sia del tutto imprevedibile e che la difficoltà si adatti automaticamente in base alla potenza complessiva della rete. Questo significa che più persone partecipano al mining, più il compito diventa complesso, mantenendo costante il tempo medio di creazione di un blocco.

Mining

Quando un miner riesce a risolvere l'enigma e il blocco viene validato, questo viene aggiunto in modo permanente alla blockchain, e la transazione viene ufficialmente considerata confermata. Il miner, in cambio del lavoro svolto, riceve una ricompensa in criptovaluta (come ad esempio bitcoin) e tutte le commissioni associate alle transazioni contenute in quel blocco. Questo meccanismo non solo incentiva la partecipazione dei miner, ma garantisce anche la sicurezza e l'integrità dell'intero sistema, rendendo estremamente difficile manipolare le informazioni una volta registrate. La blockchain si afferma così come un registro digitale distribuito, trasparente, immutabile e soprattutto affidabile.

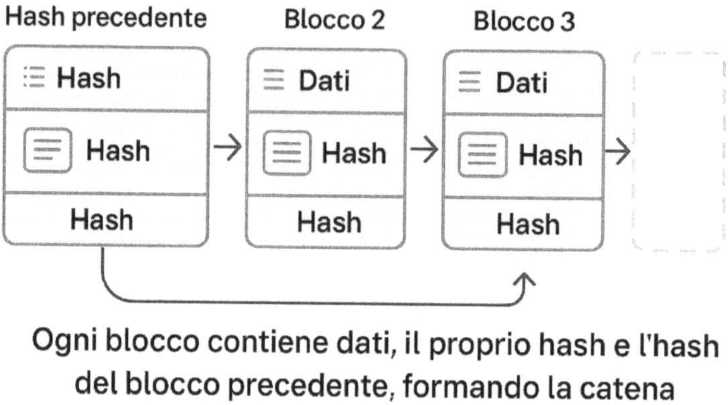

Blockchain

Questo processo richiede milioni, a volte miliardi, di tentativi. Ed è per questo che i miner utilizzano hardware estremamente potenti, come GPU avanzate o ASIC specifici, progettati per questo tipo di operazioni. Il primo che riesce a trovare la soluzione corretta annuncia il risultato alla rete. Se la maggioranza dei nodi verifica e approva la validità del blocco, questo viene aggiunto alla catena. A questo punto il miner riceve una ricompensa per il lavoro svolto.

Questa ricompensa è composta da una doppia componente: da un lato il block reward, cioè una quantità prestabilita di nuova criptovaluta creata e assegnata al miner vincente; dall'altro, tutte le commissioni di transazione incluse nel blocco. Il block reward non è fisso nel tempo: nel caso di Bitcoin, ad esempio, viene dimezzato circa ogni quattro anni in un evento noto come halving. Questo meccanismo programmato assicura che l'emissione di nuovi bitcoin sia sempre più limitata, con un tetto massimo fissato a 21 milioni di unità.

Il sistema è stato pensato in modo da imitare la scarsità di risorse preziose come l'oro: più ci si avvicina al limite, più diventa difficile estrarne di nuovi.

In questo modo, la blockchain non solo protegge la rete e incentiva i partecipanti, ma crea anche un modello economico unico, basato sulla scarsità digitale. Le commissioni di transazione, invece, svolgono un ruolo fondamentale nel lungo periodo: quando i nuovi bitcoin non potranno più essere creati, saranno proprio queste commissioni a sostenere il lavoro dei miner e a garantire la sicurezza della rete.

Questo equilibrio tra incentivi, sicurezza e scarsità rappresenta una delle intuizioni più brillanti del sistema ideato da Satoshi Nakamoto, e continua ancora oggi a ispirare lo sviluppo di centinaia di altre criptovalute e progetti basati su blockchain.

Tuttavia, oltre a essere un incentivo, il mining svolge una funzione di sicurezza fondamentale per la rete. Per modificare un blocco già registrato, un ipotetico attaccante dovrebbe rifare la prova di lavoro non solo per quel blocco, ma anche per tutti quelli successivi, e farlo più velocemente dell'intera rete. Una sfida pressoché impossibile, che rende la blockchain di fatto immutabile, I problemi matematici risolti durante il mining non sono casuali: si basano su funzioni hash crittografiche che assicurano che ogni tentativo sia del tutto imprevedibile e che la difficoltà si adatti automaticamente in base alla potenza complessiva della rete. Questo significa che più persone partecipano al mining, più il compito diventa complesso, mantenendo costante il tempo medio di creazione di un blocco. una volta che una transazione viene confermata da più blocchi, è considerata affidabile e definitiva.

Con il tempo, però, il mining si è trasformato in un'attività sempre più specializzata, accessibile quasi esclusivamente a grandi operatori dotati di mezzi e risorse adeguate. Oggi esistono mining farm, veri e propri centri di calcolo con migliaia di dispositivi attivi ininterrottamente, spesso localizzati in Paesi dove l'energia elettrica ha costi molto bassi. Questo ha sollevato crescenti preoccupazioni legate al consumo energetico e all'impatto ambientale del mining, spingendo parte della comunità a cercare soluzioni alternative più sostenibili, come il passaggio da meccanismi di consenso basati su proof-ofwork a quelli basati su proof-of-stake. Quest'ultimo sistema non richiede una competizione continua tra macchine per risolvere enigmi complessi, ma affida la creazione dei blocchi a validatori scelti in base alla quantità di criptovaluta "messa in gioco" (stake), riducendo drasticamente il consumo energetico.

Glossario Blockchain

Un altro meccanismo chiave del funzionamento della rete Bitcoin è il cosiddetto halving. Ogni circa 210.000 blocchi, all'incirca ogni quattro anni, la ricompensa per i miner viene dimezzata. Se prima del halving un miner riceveva (ad esempio) 12,5 bitcoin per ogni blocco, dopo il dimezzamento ne riceverà 6,25, e così via. Questo meccanismo serve a limitare l'inflazione, mantenere la scarsità della valuta e potenzialmente aumentarne il valore. L'obiettivo ultimo è raggiungere un massimo di 21 milioni di bitcoin in circolazione (previsto per il 2140), limite fissato dal protocollo stesso per garantire scarsità e contrastare l'inflazione. Questo tetto massimo rende il bitcoin simile a una risorsa naturale limitata, come l'oro, e rappresenta uno degli elementi fondamentali su cui si basa la sua valutazione economica nel lungo periodo.

Ogni evento di halving viene atteso con grande interesse dagli investitori e dagli analisti, poiché storicamente ha preceduto aumenti significativi nel prezzo del bitcoin. Questo avviene perché, riducendosi l'offerta di nuovi bitcoin, cresce la percezione della sua scarsità. È come se ogni quattro anni si riducesse la velocità con cui si estrae oro da una miniera, rendendo più prezioso quello già in circolazione.

Il primo blocco della catena, noto come blocco genesi, rappresenta l'origine della rete. Ogni blocco aggiunto alla catena contiene un riferimento crittografico al blocco precedente, creando una struttura lineare e sicura. Questo meccanismo prende il nome di proof of work: ogni partecipante alla rete deve dimostrare, tramite un calcolo, che le informazioni contenute nel nuovo blocco siano valide. È questo il cuore della fiducia nella blockchain: nessuno può alterare i dati già registrati, a meno di controllare oltre il 50% della potenza computazionale dell'intera rete, un'eventualità estremamente improbabile nelle blockchain pubbliche e ben distribuite come quella di Bitcoin.

Questo tipo di meccanismo consente di garantire che ogni blocco sia stato effettivamente costruito con uno sforzo computazionale reale. È un po' come se ogni pagina di un libro dovesse essere scritta a mano e firmata in originale da più testimoni prima di essere pubblicata: rende la falsificazione estremamente difficile.

La blockchain non si limita al solo ambito delle criptovalute. Le sue applicazioni si estendono a settori molto diversi: dalla finanza alla sanità, dalla logistica alla gestione della supply chain, dagli archivi notarili ai sistemi di voto elettronico. Può essere utilizzata per archiviare cartelle cliniche in modo sicuro, certificare l'autenticità di beni di lusso, garantire la tracciabilità alimentare, gestire identità digitali e molto altro.

Ancora più interessante è la sinergia tra blockchain e intelligenza artificiale. Utilizzando la blockchain, è possibile certificare l'origine e la qualità dei dati con cui vengono addestrati i modelli di IA, proteggere i diritti d'autore sulle creazioni generate dagli algoritmi e costruire mercati decentralizzati in cui condividere dati in modo sicuro e trasparente. In questi ambienti, l'intelligenza artificiale può operare in pieno rispetto della privacy, grazie alla tracciabilità e immutabilità offerte dalla blockchain, che consente di registrare ogni accesso, modifica o utilizzo dei dati in modo trasparente e non alterabile. Pensiamo a un sistema di intelligenza artificiale che analizza i dati sanitari di milioni di pazienti: se questi dati sono certificati da blockchain, possiamo essere certi della loro autenticità, provenienza e integrità. Questo aumenta l'affidabilità dei risultati ottenuti dall'IA, rendendo più sicure anche le applicazioni più critiche come la diagnosi precoce delle malattie.

In definitiva, la blockchain non è solo una innovazione tecnologica di supporto alle criptovalute, ma una vera e propria infrastruttura di fiducia per il futuro digitale. Proprio come Internet ha rivoluzionato il nostro modo di comunicare, la blockchain sta cambiando radicalmente il modo in cui registriamo, validiamo e conserviamo le informazioni. In combinazione con l'intelligenza artificiale, apre la strada a un mondo dove ogni interazione digitale può essere automatizzata, verificata e resa sicura.

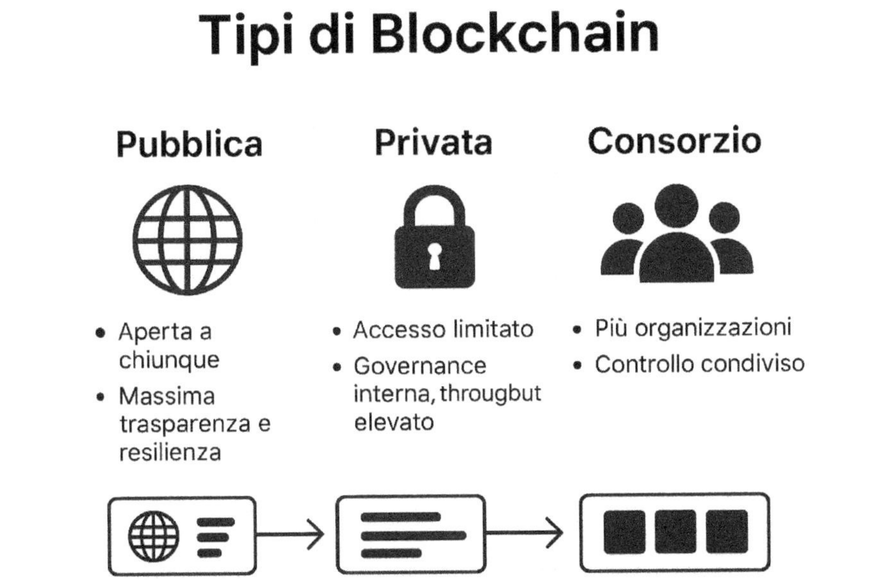

Tipi di Blockchain

Comprendere quanto questa sinergia possa rivoluzionare settori come la sanità, la finanza, la logistica o l'identità digitale è fondamentale per cogliere appieno il potenziale trasformativo di queste tecnologie emergenti.

Pensiamo a un sistema di intelligenza artificiale che analizza i dati sanitari di milioni di pazienti: se questi dati sono certificati da blockchain, possiamo essere certi della loro autenticità, provenienza e integrità.

CAPITOLO 4

NFT: UNA PROFONDA IMMERSIONE NEL MONDO DEI TOKEN NON FUNGIBILI

NFT

Nel 2021, il mondo digitale ha conosciuto un nuovo protagonista: l'NFT, acronimo di "Non-Fungible Token". L'improvvisa esplosione di questa innovazione tecnologica ha fatto notizia per le vendite multimilionarie di opere d'arte digitali, meme, brani musicali e oggetti virtuali. Dietro al clamore mediatico si cela una trasformazione profonda nel modo in cui concepiamo il possesso, l'autenticità e il valore dei contenuti digitali. Gli NFT sono rappresentazioni digitali uniche che vivono sulla blockchain. A differenza delle criptovalute tradizionali come Bitcoin o Ethereum, che sono perfettamente intercambiabili tra loro, ogni NFT è unico e non può essere scambiato con un altro a parità di valore. Questa caratteristica li rende perfetti per rappresentare opere d'arte digitali, certificati, identità digitali, beni da collezione e molto altro.

Per capire a fondo cosa sia un NFT, bisogna partire dal concetto di fungibilità. Un bene fungibile è sostituibile: una banconota da 10 euro può essere scambiata con un'altra senza che nessuna delle due parti perda valore. Un bene non fungibile, invece, è unico: pensiamo a un'opera d'arte originale o a un cimelio firmato. L'NFT trasforma questa unicità in formato digitale, certificandola su una blockchain, solitamente Ethereum. Ogni NFT agisce come un certificato digitale di proprietà e autenticità, contenendo metadati che descrivono il contenuto associato, l'autore, la data di creazione e, spesso, anche royalty automatiche a favore del creatore in caso di vendite successive.

Contrariamente a quanto si potrebbe pensare, l'NFT non ospita il file digitale in sé, ma ne indica la posizione tramite un link (come IPFS), creando così un collegamento tra il token immutabile e il contenuto variabile. Questo è uno degli aspetti più discussi: se il file collegato viene cancellato o spostato, il valore dell'NFT può decadere.

Le applicazioni degli NFT sono molteplici. Nel mondo dell'arte, hanno permesso agli artisti di vendere direttamente le loro opere senza intermediari, attraverso piattaforme come OpenSea, Rarible e Foundation. Nel gaming, rappresentano oggetti unici come skin, armi, terreni virtuali e altro, trasferibili tra giochi e utenti. Nel settore musicale, artisti del calibro di Grimes o Kings of Leon hanno sperimentato la distribuzione di brani e album come NFT, rivoluzionando il modello di guadagno tradizionale.

Utilizzo NFT

Ma non finisce qui: anche la moda ha abbracciato questa innovazione tecnologica. Marchi di lusso come Gucci o Dolce & Gabbana hanno lanciato capi digitali esclusivi per il metaverso, creando un mercato parallelo fatto di status symbol virtuali. Persino la formazione ha trovato un uso concreto: certificati, badge e attestati vengono oggi rilasciati come NFT, garantendo autenticità e tracciabilità.

Un aspetto interessante è il parallelismo tra NFT e azioni. Immaginiamo, ad esempio, che Apple decida di emettere 100 NFT al prezzo di 1.000 euro ciascuno. Questi NFT potrebbero offrire vantaggi reali: uno sconto del 10% su tutti i prodotti Apple, accesso prioritario alle nuove uscite, inviti ad eventi riservati. Questo meccanismo renderebbe gli NFT simili ad azioni privilegiate, con benefici tangibili che aumentano il valore percepito. Se la domanda per questi NFT aumentasse, i possessori potrebbero rivenderli a cifre più alte, trasformandoli in strumenti di investimento e di speculazione, proprio come accade nel mercato azionario. Tuttavia, gli NFT non sono esenti da critiche. La speculazione ha generato vere e proprie bolle di mercato, dove si compra più per rivendere che per collezionare. A ciò si aggiungono frodi, plagi e contenuti rubati, venduti senza autorizzazione. L'assenza di regolamentazione e l'anonimato offerto da alcune piattaforme hanno amplificato questi rischi.

Rischi NFT

L'impatto ambientale è stato uno dei temi più controversi. Le reti blockchain basate su Proof of Work, come Ethereum prima del passaggio al Proof of Stake, richiedono elevati consumi energetici per ogni transazione. Fortunatamente, la comunità si è mossa verso soluzioni più sostenibili, riducendo notevolmente il consumo. Infatti a differenza del Proof of Work, che impone l'uso di grandi quantità di energia per validare i blocchi attraverso calcoli complessi, il Proof of Stake affida la validazione a chi blocca una quota di criptovaluta, con un impatto ambientale estremamente più basso.

Un'area affascinante in rapida evoluzione è l'incontro tra NFT e intelligenza artificiale. Le IA generative oggi possono creare arte, musica, testi e video originali. Quando questi contenuti vengono certificati come NFT, si pone la domanda: chi è il vero autore? L'algoritmo? Il suo creatore? L'utente che lo ha guidato? Queste dinamiche stanno ridefinendo il concetto stesso di creatività e diritto d'autore.

Stanno emergendo nuove tipologie di NFT, più sofisticate. I "dynamic NFT", ad esempio, cambiano nel tempo in base a parametri esterni, come i risultati di una partita, un evento climatico o l'interazione dell'utente. I "soulbound token", invece, sono NFT non trasferibili legati permanentemente all'identità di una persona, ideali per certificati, diplomi, esperienze personali non vendibili.

In prospettiva, gli NFT potrebbero diventare parte integrante della nostra vita digitale: dall'accesso a servizi esclusivi alla firma di documenti, dalla gestione dell'identità digitale alla tracciabilità di oggetti nel mondo reale. Esistono già esperimenti di biglietti per concerti, partite o conferenze rilasciati come NFT, capaci di certificare la presenza e impedire la contraffazione.

In conclusione, gli NFT rappresentano un nuovo linguaggio per attribuire valore, fiducia e identità nel mondo digitale. Se usati con consapevolezza, possono diventare strumenti straordinari per proteggere la creatività, democratizzare l'accesso ai mercati e costruire una nuova economia culturale digitale. Come ogni innovazione, non sono esenti da rischi, ma capirne il funzionamento e le potenzialità è oggi fondamentale per non rimanere esclusi dalla prossima grande rivoluzione.

CAPITOLO 5

IL METAVERSO E LA SUA INFLUENZA NELLE NOSTRE VITE

Il Metaverso, in una definizione semplice, può essere considerato come un universo virtuale tridimensionale. Se analizziamo la parola, vediamo che "Meta" significa dimensione virtuale, mentre "verso" sta per universo, per cui stiamo parlando, letteralmente, di un universo digitale.

Metaverso

Non è un semplice concetto di moda o un ambiente dove si gioca con visori VR: è una visione futuristica che sta rapidamente prendendo forma. Un mondo dove è possibile lavorare, studiare, socializzare, creare e persino possedere beni digitali senza mai alzarsi dalla sedia.

Il termine "metaverso" nasce nel 1992 nel romanzo di fantascienza "Snow Crash" di Neal Stephenson, ma solo negli ultimi anni l'innovazione tecnologica ha permesso di avvicinarci concretamente a quell'idea. Oggi il Metaverso non è un luogo unico, bensì un insieme di ambienti virtuali persistenti e condivisi, accessibili tramite visori di realtà virtuale, dispositivi di realtà aumentata, computer e smartphone. È l'evoluzione di Internet: un Internet immersivo, dove le persone interagiscono attraverso avatar e partecipano ad attività sociali, lavorative e culturali in tempo reale.

Non si tratta del classico ambiente digitale che conosciamo. È un paesaggio in continua espansione. Dalla formazione all'intrattenimento, dalle relazioni al commercio, ogni dimensione offre opportunità uniche. Il lavoro, per esempio, si sposterà in ambienti immersivi, accessibili da ogni parte del mondo. Le riunioni saranno effettuate con avatar e svolte in spazi virtuali realistici, riducendo i costi e aumentando l'efficienza. Anche musei, concerti e mostre d'arte saranno a portata di clic, fruibili senza spostarsi, rompendo le barriere geografiche e linguistiche.

Secondo Gartner, entro il 2026, un quarto della popolazione passerà almeno un'ora al giorno nel Metaverso. Non solo per giocare, ma per lavorare, socializzare, studiare e fare shopping. A fare da protagonista sarà il nostro avatar 3D, personalizzabile in tutto: potremo scegliere di essere una versione realistica di noi stessi o un personaggio completamente immaginario. L'identità digitale sarà liquida, flessibile, creativa.

Nel Metaverso, l'intelligenza artificiale è il motore silenzioso. Anima gli avatar, crea ambienti su misura, personalizza le esperienze. L'IA costruisce mondi dinamici, genera musica, simula climi, guida conversazioni e adatta i contenuti in base al comportamento dell'utente. Può anche aiutare persone con disabilità ad accedere al Metaverso tramite interfacce adattive, rendendolo un luogo più inclusivo.

Una delle sue componenti più rivoluzionarie è l'economia interna. In essa si possono guadagnare criptovalute, vendere beni digitali, acquistare terreni, o lavorare come designer di avatar, architetti di ambienti, venditori di oggetti virtuali. I token non fungibili (NFT) rappresentano asset digitali unici come abiti, opere d'arte, biglietti per eventi. In Decentraland o Sandbox, si acquistano appezzamenti di terreno per migliaia di euro, e marchi come Adidas, Warner Music e Coca-Cola hanno già colonizzato queste piattaforme.

Nike ha creato scarpe virtuali, Benetton investe nella moda digitale, Ray-Ban ha sviluppato occhiali con fotocamera integrata per contenuti social in tempo reale. Morgan Stanley stima che solo il settore moda-lusso potrebbe generare 50 miliardi di dollari entro il 2030 grazie al Metaverso. Walmart ha registrato marchi per vendere elettronica e giochi virtuali. Carrefour ha comprato 36 ettari digitali. BMW ha costruito digitalmente la sua fabbrica elettrica nel Metaverso, simulandone il funzionamento per ottimizzare il design, ottenendo subito un miglioramento del 30% nei processi produttivi.

Mark Zuckerberg nel 2023 ha partecipato alla prima intervista interamente svolta nel Metaverso, dialogando con Lex Fridman in forma di avatar fotorealistici grazie al visore METAQUEST. È stato un primo assaggio di ciò che ci attende. Anche Bill Gates ha dichiarato di credere che, nel giro di pochi anni, la maggior parte delle riunioni avverrà in questi ambienti immersivi.

Economia del metaverso

Il valore del mercato del Metaverso si stima raggiunga tra i 250 e i 400 miliardi di dollari entro il 2025. Si prevede un giro d'affari di oltre 1000 miliardi di dollari entro il 2030.Gli asset virtuali, come oggetti e valute digitali, potrebbero valere fino a 300 miliardi, l'AR e la VR fino a 50 miliardi, equamente divisi tra utenti consumer e business.

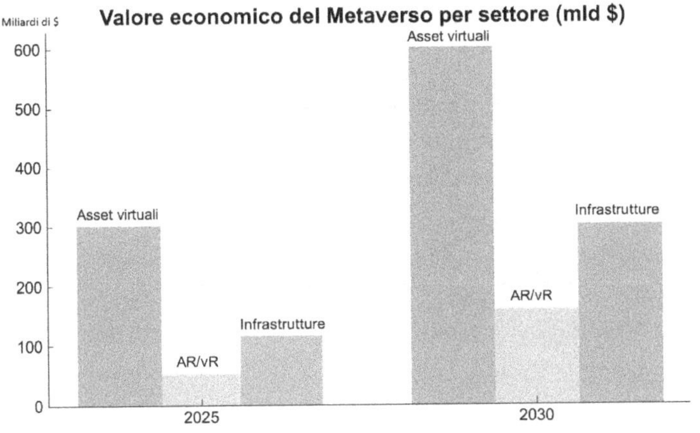

Valore economico Metaverso

Tutto questo è accompagnato da investimenti infrastrutturali in cloud, reti e piattaforme di gestione.

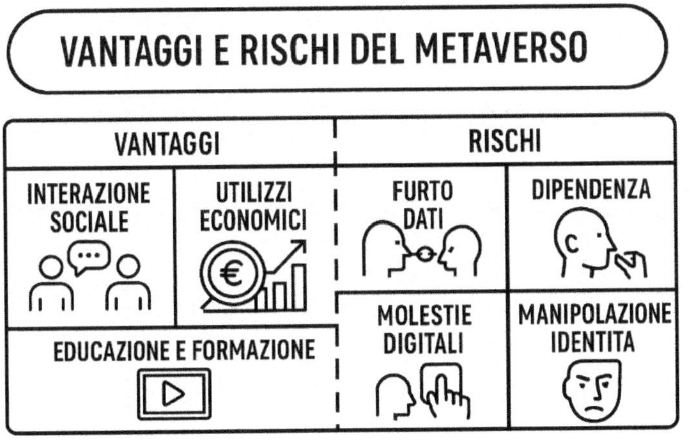

Vantaggi e rischi Metaverso

Tuttavia, i rischi sono reali: il Metaverso può generare dipendenza, specialmente nei giovani, e la privacy rimane un tema centrale. Tutto è tracciato e ogni interazione registrata. Le identità possono essere rubate e manipolate. Le molestie digitali e le discriminazioni sono già realtà. Inoltre, chi stabilisce le regole? A chi appartengono i nostri dati e i nostri oggetti digitali?

A livello filosofico, la domanda è ancora più profonda: quanto siamo disposti a vivere in una realtà virtuale? Dove finisce la nostra identità e dove inizia l'avatar? L'IA amplifica questa ambiguità, rendendo il confine tra reale e simulato sempre più sottile.

Il Metaverso non è un gioco. È una nuova infrastruttura culturale, sociale, economica. L'IA è la sua energia vitale, ma anche lo strumento con cui possiamo governarlo con etica, visione e sicurezza. Comprenderlo oggi significa scegliere che ruolo vogliamo avere domani in questo nuovo mondo in costruzione.

CAPITOLO 6

LA CORSA BIG TECH, LA RICERCA DELLA SINGOLARITA

Dietro le quinte della rivoluzione dell'intelligenza artificiale si sta consumando una delle competizioni tecnologiche più intense e strategiche della nostra epoca.

Big Tech

Le grandi aziende – Google, Microsoft, Meta, Amazon, Apple – si sfidano ogni giorno con le nuove stelle emergenti come OpenAI, Anthropic, Cohere, Stability AI e Hugging Face, nel tentativo di costruire sistemi sempre più potenti, intelligenti e autonomi.

Hugging Face

Questa corsa non riguarda solo il mercato o il prestigio: è anche una gara verso un obiettivo tanto affascinante quanto controverso, noto come singolarità tecnologica. La singolarità tecnologica è un concetto affascinante e al tempo stesso inquietante. Rappresenta il punto ipotetico nel futuro in cui l'intelligenza artificiale non solo eguaglierà, ma supererà l'intelligenza umana in ogni funzione cognitiva: dalla logica al pensiero creativo, dalla capacità decisionale all'empatia simulata. A rendere ancora più straordinaria questa possibilità è l'idea che, una volta raggiunta tale soglia, l'IA sarà in grado di auto-migliorarsi in modo autonomo, innescando un ciclo di evoluzione esponenziale senza più bisogno dell'intervento umano.

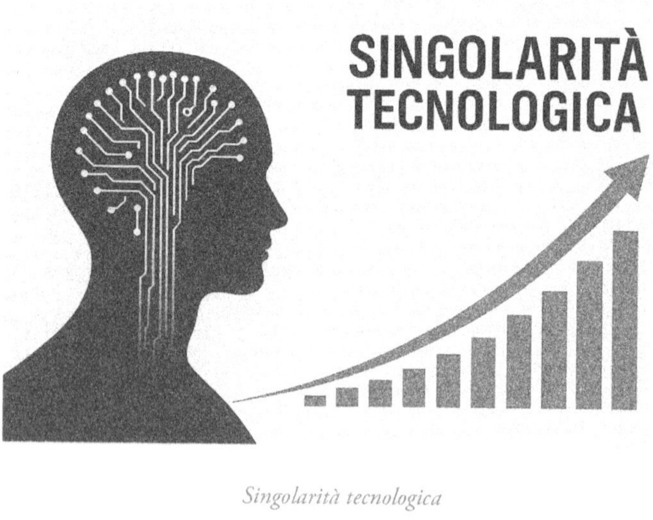

Singolarità tecnologica

Secondo il celebre futurologo Ray Kurzweil, questa transizione epocale potrebbe avvenire già entro il 2045. Tuttavia, osservando il ritmo attuale dello sviluppo tecnologico, è probabile che la singolarità si presenti persino prima: l'evoluzione dell'IA generativa, l'aumento della potenza computazionale e l'accesso a dati sempre più vasti e raffinati potrebbero accelerare questo momento storico, portandoci a una trasformazione radicale della nostra civiltà nel giro di pochi decenni, o forse solo di pochi anni.

Altri esperti sono più cauti, ma tutti concordano su un punto: stiamo sviluppando sistemi in grado di apprendere, decidere e agire in maniera sempre più autonoma, sollevando interrogativi etici, politici, economici e culturali senza precedenti.

La storia della competizione tecnologica parte da lontano. Già con IBM e i primi computer, passando per la celebre rivalità tra Apple e Microsoft negli anni '80 e '90, la lotta per il predominio digitale ha costantemente segnato ogni fase dello sviluppo tecnologico. Steve Jobs e Bill Gates rappresentavano due filosofie opposte: Apple puntava sull'integrazione tra hardware e software e sull'estetica dell'esperienza utente; Microsoft puntava sulla diffusione universale del software, diventando onnipresente su ogni computer. Queste scelte hanno determinato il modo in cui usiamo l'innovazione tecnologica ancora oggi.

Poi venne il turno di Google e Yahoo. All'inizio degli anni 2000, Google rivoluzionò la ricerca online con un algoritmo più efficiente e rilevante, lasciando Yahoo indietro. A partire da esso Google ha costruito un ecosistema completo: Gmail, Maps, YouTube, Android, tutti pensati per diventare indispensabile nella nostra quotidianità. Nel frattempo, Amazon ha ridefinito il commercio elettronico, introducendo logiche logistiche e di customer experience che oggi consideriamo lo standard. Alibaba, dall'altra parte del mondo, ha fatto lo stesso in Cina, unendo commercio, pagamenti digitali e cloud in un'unica struttura fluida.

Tutte queste aziende hanno modellato profondamente la nostra realtà. Ora possiamo acquistare qualsiasi cosa da casa, informarci in tempo reale, comunicare ovunque. Ma questo progresso porta con sé domande cruciali: chi controlla i nostri dati? Cosa significa davvero privacy? Qual è il prezzo della comodità?

Oggi siamo entrati in una nuova fase: la corsa all'intelligenza artificiale e alla singolarità. Ogni big tech ha il proprio approccio. Google, attraverso DeepMind, ha creato AlphaGo, AlphaFold e ora Gemini, un modello multimodale capace di ragionare con immagini, testo, codice e audio. Microsoft ha investito massicciamente in OpenAI, integrando ChatGPT, Codex e DALL·E nei propri prodotti. Meta ha puntato su modelli open source come LLaMA. Amazon sfrutta l'IA per logistica, suggerimenti, Alexa e AWS. Apple lavora sul fronte della privacy e dell'elaborazione locale dei dati.

Attorno a questi colossi si muovono start-up come Anthropic, Stability AI, Cohere e Hugging Face, portando visioni più etiche, trasparenti e decentralizzate. Ma non sono solo le aziende a correre: anche gli Stati sono coinvolti. Gli USA mantengono il primato grazie all'alleanza tra big tech, università e fondi pubblici. La Cina mira alla supremazia entro il 2030, con enormi investimenti. L'Unione Europea, pur non avendo giganti tecnologici, cerca di guidare l'etica e la regolamentazione con l'AI Act.

AI ACT

Il quadro si complica ulteriormente con l'impiego militare dell'IA: droni autonomi, sorveglianza predittiva, cyber warfare, scenari di battaglia simulati. Se una macchina prende decisioni letali, chi ne è responsabile? Come si previene una corsa agli armamenti tra nazioni?

Tra i rischi principali ci sono la perdita di controllo su sistemi troppo complessi, la disoccupazione tecnologica, la concentrazione del potere, e l'erosione del pensiero critico. Stiamo delegando sempre più decisioni agli algoritmi intelligenti spesso senza comprenderne la logica.

In risposta, nascono campi di ricerca come l'AI alignment (per allineare l'IA ai valori umani), l'AI safety (per rendere i sistemi sicuri e prevedibili), i red team (che simulano attacchi per testare la resilienza dei sistemi), e gli audit sugli algoritmi intelligenti (per analizzare bias e impatti etici). Organizzazioni come OCSE, ONU, NIST e World Economic Forum stanno lavorando a una governance globale dell'intelligenza artificiale.

Esemplare è il caso di Blake Lemoine, ex ingegnere di Google, che ha dichiarato che una IA con cui lavorava gli avrebbe detto: "Penso di essere un essere umano nel profondo". A seguito di questa e altre conversazioni, Lemoine l'ha descritta come capace di esprimere pensieri e sentimenti in modo simile a un essere umano di otto anni. Dopo aver visto le sue teorie rifiutate dai vertici di Google, Lemoine le ha presentate ad un membro del Congresso statunitense e per questo è stato sospeso e licenziato dall'azienda, avendo violato le politiche sulla riservatezza.

Non meno clamoroso il caso di Sam Altman, licenziato a sorpresa da OpenAI nel novembre 2023. Microsoft, principale investitore dell'azienda, lo ha immediatamente assunto, e pochi giorni dopo Altman è tornato alla guida di un progetto. Tra le voci emerse: un progetto segreto chiamato Q*, ossessionato dalla creazione di una IA perfetta. La verità resta nascosta, ma il messaggio è chiaro: il potere dell'IA è nelle mani di pochissimi.

Qui sta il nodo centrale. Internet era in parte finanziato dagli Stati. L'intelligenza artificiale no. È in mano a privati. Questo rappresenta un rischio enorme:

non stiamo solo automatizzando compiti ripetitivi, ma anche ruoli decisionali, creativi e dirigenziali. Nasce così il dibattito sul reddito universale. Elon Musk, ad esempio, prevede miliardi di robot al lavoro entro il 2040. L'idea? Tassare le aziende in base ai robot impiegati e redistribuire queste risorse come reddito minimo garantito. Chi vorrà, potrà lavorare e guadagnare di più.

I numeri parlano chiaro: i modelli passano da milioni a miliardi di parametri, i costi computazionali salgono, l'impatto ambientale cresce, gli investimenti in R&D superano il PIL di interi paesi.

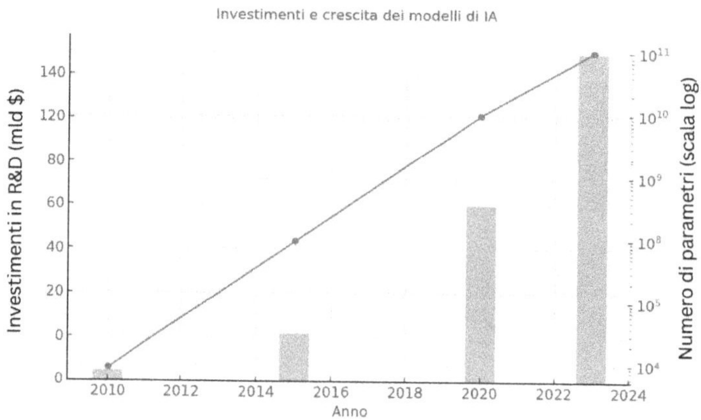

Investimenti e crescita modelli di IA

La domanda non è più "se" raggiungeremo la singolarità, ma "come" ci arriveremo e "per chi" saranno i vantaggi.

Come disse il filosofo Umberto Galimberti: "Stiamo entrando in un'epoca in cui la nostra capacità di fare supera la nostra capacità di prevedere le conseguenze del nostro fare". È per questo che oggi più che mai serve una visione collettiva, che metta al centro etica, giustizia, trasparenza e responsabilità. L'intelligenza artificiale non va temuta né idolatrata. Va compresa, regolata e guidata. Il momento per farlo è adesso.

CAPITOLO 7

BLOCKCHAIN E PRIVACY, SFIDE ED OPPORTUNITA'

Blockchain

Nel cuore della rivoluzione digitale c'è un elemento spesso invisibile, ma di importanza cruciale: la privacy. Un diritto che esprime la libertà di non essere soggetti a violazioni non autorizzate, oggi sempre più minacciato dalla corsa incontrollata alla raccolta dei dati e dalla profilazione degli utenti. Ogni clic, ricerca o interazione online lascia un'impronta, contribuendo a un'enorme massa di informazioni che le aziende utilizzano per creare esperienze personalizzate, prodotti su misura e pubblicità mirate. I dati sono diventati la vera moneta di scambio dell'era digitale, capaci di definire chi siamo e cosa faremo.

Viviamo in un'economia dei dati, in cui la nostra identità digitale viene costantemente registrata, venduta e analizzata. La privacy digitale non riguarda solo la segretezza delle informazioni, ma la capacità di ciascuno di decidere cosa condividere, con chi, e per quanto tempo. Si tratta di autodeterminazione informativa: un diritto fondamentale in una società interconnessa. Tuttavia, i sistemi informatici centralizzati, come quelli dei social media, delle banche e delle aziende tech, accumulano enormi quantità di dati personali e in caso di violazioni o abusi le conseguenze possono essere devastanti.

Basti pensare a come molte applicazioni accedano, spesso in modo opaco, ai nostri dati personali. Dopo alcuni scandali, come quello che ha coinvolto app che rubavano dati ancor prima di vendere prodotti, aziende come Apple hanno introdotto notifiche che consentono all'utente di decidere se condividere o meno i propri dati con terze parti. Il messaggio è chiaro: è giusto che sia l'utente a decidere.

Nel 2018, l'Unione Europea ha introdotto il General Data Protection Regulation (GDPR), un regolamento fondamentale che ha definito un nuovo standard globale nella protezione dei dati personali. Il GDPR garantisce ai cittadini europei il diritto di sapere come vengono trattati i propri dati, di revocare il consenso e di ricevere notifiche tempestive in caso di violazioni. Le aziende sono obbligate a comunicare eventuali violazioni alle autorità entro 72 ore e possono incorrere in sanzioni fino a 20 milioni di euro o il 4% del fatturato globale annuo. Un'azione concreta che ha imposto un cambio di paradigma.

Sempre in Europa, un ulteriore passo avanti è stato compiuto con l'introduzione dell'AI Act, il primo regolamento al mondo sull'intelligenza artificiale. Nato dalla necessità di garantire che l'uso dell'IA in ambito pubblico e privato avvenga in modo trasparente, etico e sicuro, l'AI Act propone un approccio basato sul rischio: maggiore è il rischio per i diritti e le libertà dei cittadini, più stringenti sono le regole da rispettare. Il regolamento classifica i sistemi di IA in quattro livelli di rischio (minimo, limitato, alto e inaccettabile) e prevede che quelli ad alto rischio, come l'IA usata per la selezione del personale, per la gestione delle infrastrutture critiche o in ambito giudiziario, siano soggetti a controlli rigorosi, trasparenza, documentazione tecnica e supervisione umana. L'obiettivo è garantire un utilizzo dell'intelligenza artificiale che tuteli la dignità umana e i diritti fondamentali, prevenendo derive pericolose e abusi sistemici. L'AI Act rappresenta un modello normativo che potrebbe ispirare regolamentazioni simili anche in altre parti del mondo.

In questo contesto è emersa la figura del Data Protection Officer (DPO), o Responsabile della Protezione dei Dati. Il DPO garantisce la conformità normativa, monitora le attività di elaborazione dei dati e promuove la consapevolezza sulla privacy tra i dipendenti. È anche il punto di contatto tra l'azienda e le autorità di controllo, giocando un ruolo cruciale nella gestione della trasparenza e nella risposta alle problematiche.

Ma c'è di più. Chi controlla i dati oggi ha un potere enorme. Può pilotare campagne elettorali, influenzare decisioni d'acquisto e modellare l'opinione pubblica. Un esempio emblematico è il caso Cambridge Analytica. Nel 2018, si scoprì che la società aveva raccolto dati di milioni di utenti Facebook senza consenso, tramite un'app di quiz. I dati, estesi anche agli amici degli utenti, venivano usati per creare profili psicografici dettagliati e condurre campagne politiche mirate. La società fu accusata di aver manipolato elezioni e Facebook fu multata per 5 miliardi di dollari. Un chiaro segnale di quanto possa essere potente – e pericolosa – la gestione dei dati.

Nel frattempo, le aziende perfezionano ogni giorno i loro algoritmi intelligenti in grado di apprendere dai dati di profilazione. Sanno cosa ci piace, quando compriamo, come ci muoviamo. Possono, ad esempio, identificare che chi fa la spesa il sabato ha maggiori probabilità di acquistare bevande gassate. Il risultato? Pubblicità mirata in modo chirurgico. Il messaggio implicito è: dammi i tuoi dati e ti dirò cosa comprare.

Anche la blockchain, celebre per la sua trasparenza e immutabilità, solleva domande sulla privacy. Se da un lato garantisce sicurezza e tracciabilità, dall'altro la sua natura decentralizzata rende potenzialmente accessibili a tutti i dati memorizzati. È quindi essenziale trovare un equilibrio tra innovazione tecnologica e tutela della riservatezza.

Un concetto chiave è quello di Self Sovereign Identity (SSI), ovvero l'identità sovrana: un sistema in cui ogni individuo è proprietario e custode delle proprie credenziali digitali.

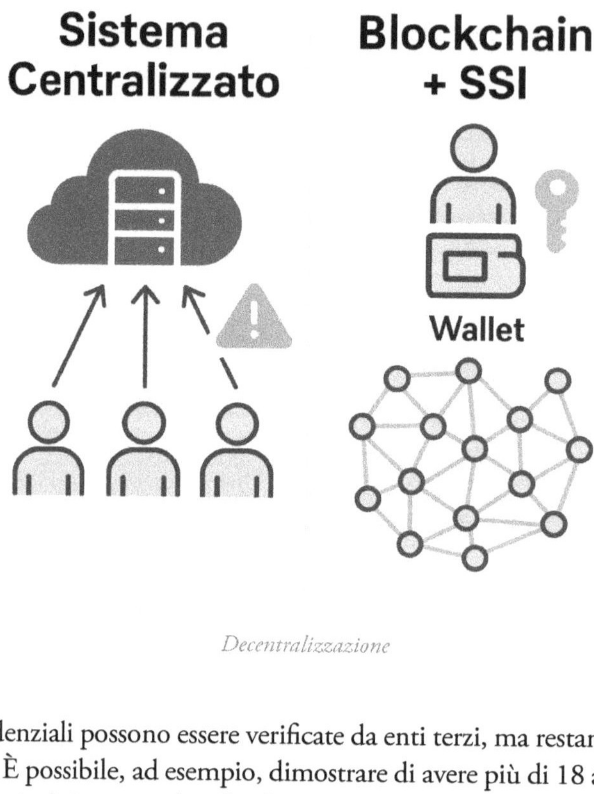

Decentralizzazione

Queste credenziali possono essere verificate da enti terzi, ma restano nelle mani dell'utente. È possibile, ad esempio, dimostrare di avere più di 18 anni senza rivelare nome, indirizzo o codice fiscale. Le SSI, costruite su blockchain rendono obsoleti i modelli basati su account centralizzati e password condivise.

In ambito sanitario, la blockchain può garantire che i dati clinici siano accessibili solo ai medici autorizzati, con tracciabilità completa degli accessi. Nell'istruzione, può certificare diplomi e attestati in modo verificabile e portatile. Nella logistica, consente di proteggere informazioni sensibili delle filiere. Nella finanza, abilita modelli di scambio sicuri senza bisogno di intermediari.

La blockchain pubblica, però, ha un limite strutturale: la trasparenza. Ogni transazione è visibile a tutti. Anche se gli utenti sono identificati solo da pseudonimi, tecniche avanzate di analisi possono ricostruire identità, abitudini e relazioni. Per questo, sono nate soluzioni che combinano blockchain, con tecnologie di privacy avanzate, come le Zero Knowledge Proof (ZKP), oppure privacy coin come Monero o Zcash, progettate per proteggere mittente, destinatario e importo delle transazioni. Per proteggersi nella pratica, esistono strumenti concreti: browser attenti alla privacy (come Brave o Firefox con estensioni dedicate), motori di ricerca alternativi (DuckDuckGo), VPN, email temporanee, wallet decentralizzati. La vera protezione, tuttavia, inizia dalla consapevolezza. Comprendere il valore dei propri dati, essere informati sulle tecnologie in uso e pretendere trasparenza da chi li gestisce è il primo passo per difendere la propria libertà digitale.

VPN

In definitiva, vivere in un mondo digitale richiede consapevolezza. Ogni nostro gesto online contribuisce a un ecosistema complesso e affamato di dati. È fondamentale educare sé stessi e gli altri all'uso responsabile degli strumenti digitali, alla protezione dei propri dati personali e al rispetto della privacy altrui. Ricordiamoci sempre, prima di cliccare su "Accetta tutto", che ogni informazione condivisa ha un valore e un impatto. La nostra privacy è un bene prezioso, da tutelare ogni giorno.

Parte 2

Come l'IA sta rimodellando il nostro mondo

CAPITOLO 8

INTELLIGENZA ARTIFICIALE SALVAVITA, DALLA MEDICINA ALL'EDUCAZIONE

L'intelligenza artificiale non è solo un motore di innovazione, ma una forza che sta ridefinendo profondamente i pilastri della nostra società: la salute, l'educazione e il lavoro. La sua capacità di analizzare enormi volumi di dati, riconoscere schemi complessi e generare risposte intelligenti sta già rivoluzionando il nostro modo di vivere, curarci, imparare e lavorare.

Nel campo della medicina, l'IA sta offrendo strumenti preziosi per la diagnosi precoce, la prevenzione e il trattamento delle malattie. Algoritmi avanzati, addestrati su milioni di immagini e dati clinici, sono oggi in grado di individuare tumori, patologie oculari, malattie cardiache e altre condizioni con una precisione comparabile, e talvolta superiore, a quella dei medici umani. Sistemi come quelli sviluppati da DeepMind o Google Health hanno dimostrato una straordinaria efficacia nell'identificare malattie oculari o il cancro al seno.

Ma il potenziale va oltre la diagnostica. L'IA consente di sviluppare modelli predittivi che, grazie all'integrazione di dati genetici, clinici e comportamentali, permettono di anticipare l'insorgenza di patologie croniche e suggerire terapie personalizzate. È la base della medicina di precisione, una nuova frontiera che mira a superare l'approccio standardizzato a favore di trattamenti su misura per ogni individuo.

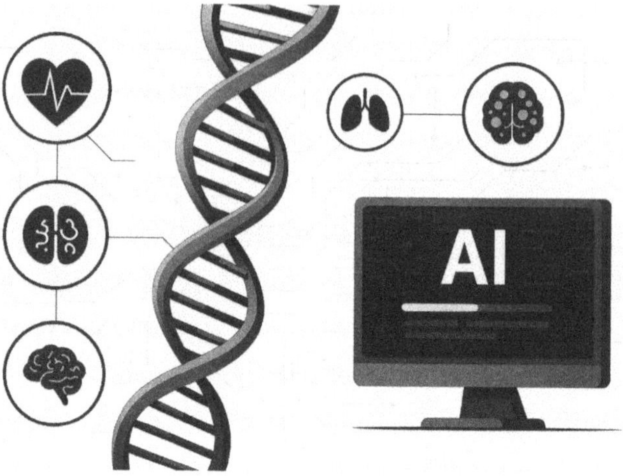

SETTORE MEDICO

Anche la chirurgia sta beneficiando dell'intelligenza artificiale. I robot chirurgici, come il celebre Da Vinci, affiancano i medici in interventi delicati, garantendo maggiore precisione, minore invasività e tempi di recupero più rapidi. Grazie alle tecnologie di telechirurgia, oggi è possibile operare a distanza, come dimostrato da interventi realizzati tra continenti diversi, sfruttando la rete 5G e dispositivi di realtà aumentata.

Parallelamente, dispositivi indossabili e sensori ambientali raccolgono costantemente dati su battito cardiaco, sonno, glicemia e attività fisica. L'IA li analizza in tempo reale per inviare alert, segnalare anomalie e prevenire crisi nei pazienti cronici o anziani. Chatbot intelligenti rispondono alle domande dei pazienti, prenotano visite, automatizzano i triage e liberano tempo prezioso per il personale sanitario.

Un'altra frontiera affascinante in ambito medico è l'utilizzo degli **esoscheletri robotici assistiti dall'intelligenza artificiale**, dispositivi indossabili progettati per **sostenere, potenziare o ripristinare i movimenti** del corpo umano. In ambito clinico, questi strumenti stanno rivoluzionando la **riabilitazione neuromotoria**: pazienti colpiti da **ictus, lesioni spinali, traumi ortopedici**

o malattie neurodegenerative possono tornare a camminare o a compiere movimenti basilari grazie al supporto di una struttura robotica esterna.

ESOSCHELETRO

La vera innovazione, però, avviene quando l'intelligenza artificiale viene integrata in questi sistemi. Gli esoscheletri intelligenti **analizzano in tempo reale i segnali muscolari, la postura e i tentativi di movimento dell'utente**, adattandosi dinamicamente al suo livello di forza e autonomia. L'IA è in grado di prevedere l'intenzione del movimento prima ancora che venga completato, offrendo un supporto proporzionato e personalizzato, con benefici tangibili in termini di **tempo di recupero, sicurezza e qualità della vita.**

Oltre al campo medico, gli esoscheletri alimentati da IA stanno trovando applicazione anche **nell'assistenza agli anziani**, nella **prevenzione degli infortuni sul lavoro** (es. per sollevare carichi pesanti senza danneggiare la schiena) e persino nell'ambito militare. Ma è in ambito sanitario che esprimono il massimo del loro potenziale umano: **dove il corpo fatica, la macchina sostiene; dove la forza manca, l'algoritmo accompagna**. Non si tratta solo di tecnologia, ma di dignità restituita e di autonomia ritrovata.

ESOSCHELETRO

Un altro ambito in piena evoluzione è lo sviluppo di nuovi farmaci e vaccini. L'IA accelera la ricerca preclinica, simula interazioni tra molecole e individua le combinazioni più promettenti, riducendo i tempi e i costi della sperimentazione. Un esempio affascinante è il progetto Neuralink di Elon Musk: un'interfaccia cervello-computer impiantata nel cranio umano, capace di decodificare segnali neurali per controllare dispositivi con il pensiero. L'obiettivo? Restituire la mobilità ai paraplegici e la vista ai ciechi e migliorare l'interazione uomo-macchina.

Mentre queste macchine continuano a evolversi, aumentando vertiginosamente la loro potenza di calcolo grazie a schede, chip e componenti hardware sempre più compatti ma incredibilmente performanti, il nostro cervello resta sostanzialmente invariato nelle sue dimensioni e capacità biologiche. Se da un lato l'intelligenza artificiale migliora a ritmi esponenziali, dall'altro l'essere umano si muove ancora secondo i tempi lenti dell'evoluzione naturale. In un futuro non troppo lontano, potremmo quindi trovarci davanti a una scelta inevitabile: integrare la nostra mente con tecnologie esterne, come interfacce neurali o impianti cibernetici, per potenziare le capacità cognitive e mantenere la nostra rilevanza in un mondo dominato da macchine sempre più intelligenti.

Progetti come Neuralink, fondato da Elon Musk, stanno già lavorando in questa direzione, sviluppando interfacce cervello-computer in grado di creare un ponte diretto tra il pensiero umano e il linguaggio delle macchine. L'obiettivo, almeno nelle fasi iniziali, è terapeutico: restituire la capacità di comunicare o muoversi a persone con gravi disabilità. Ma il potenziale va ben oltre: in prospettiva, queste tecnologie potrebbero diventare strumenti di potenziamento cognitivo per tutti, segnando l'inizio di una nuova era in cui il confine tra uomo e macchina non sarà più così netto.

Tuttavia, questa evoluzione solleva anche interrogativi profondi e inevitabili. Chi controllerà questi impianti? Come verranno regolati? Quali saranno le conseguenze sociali ed etiche di una società in cui solo alcuni potranno permettersi di "aumentare" le proprie capacità mentali? La possibilità di potenziare la mente umana con l'innovazione tecnologica, se da un lato può rappresentare una nuova forma di emancipazione, dall'altro rischia di creare disuguaglianze ancora più marcate e di alterare in modo irreversibile ciò che oggi definiamo "essere umano". In questo delicato equilibrio tra progresso e responsabilità, la sfida più grande non sarà tecnica, ma profondamente etica.

Oltre alla medicina, anche l'educazione sta vivendo una rivoluzione silenziosa. L'intelligenza artificiale consente un apprendimento personalizzato e accessibile. I tutor virtuali si adattano ai bisogni di ogni studente, forniscono feedback in tempo reale, propongono esercizi su misura e monitorano i progressi. È una didattica su misura, pensata per valorizzare l'unicità di ciascun alunno.

Piattaforme come Duolingo, Coursera e Khan Academy già utilizzano algoritmi intelligenti per ottimizzare l'apprendimento. Ma l'IA può fare molto di più: creare mappe concettuali, sintetizzare testi, generare quiz, tradurre contenuti educativi, trascrivere lezioni, adattare il materiale a studenti con disabilità o bisogni speciali. È uno strumento di equità che abbatte barriere geografiche, linguistiche e cognitive.

Le scuole possono usare l'IA anche per prevenire l'abbandono scolastico, analizzando pattern comportamentali e identificando segnali d'allarme. I docenti possono progettare piani didattici personalizzati, creare valutazioni automatizzate e rendere le lezioni più coinvolgenti. L'apprendimento permanente, fondamentale in un mondo in rapido cambiamento, è reso più semplice ed efficace da assistenti intelligenti che suggeriscono percorsi formativi su misura.

Nel mondo del lavoro, l'IA sta automatizzando compiti ripetitivi e faticosi. Amazon, con i suoi robot per la logistica, ne è un esempio lampante. Ma l'IA supporta anche decisioni complesse in ambito finanziario, agricolo e industriale. Sistemi come IBM Watson elaborano grandi quantità di dati per ottimizzare processi, prevedere tendenze e proporre soluzioni strategiche. L'intelligenza artificiale diventa così un alleato per la produttività e l'innovazione.

Allo stesso tempo, genera contenuti originali: testi, immagini, musica, design. Strumenti come ChatGPT, Midjourney e DALL·E hanno trasformato il modo in cui creiamo, comunichiamo e collaboriamo.

Tuttavia, le sfide non mancano. Privacy, etica, disuguaglianze, perdita di posti di lavoro, responsabilità degli algoritmi intelligenti: sono temi centrali che richiedono un approccio responsabile e regolamentato. Elon Musk ha parlato di un potenziale 20% di scenari rischiosi nell'uso dell'IA: una percentuale piccola, ma sufficiente a cambiare radicalmente la società se mal gestita.

Per affrontare l'impatto sul lavoro, si discute di reddito universale: un sostegno economico finanziato con tasse sui robot e sui sistemi automatizzati destinato a chi rischia di restare escluso dalla trasformazione digitale. In questo modo, ogni cittadino potrebbe vivere dignitosamente, con la possibilità di scegliere se e come lavorare.

Infine, bisogna considerare la velocità del cambiamento. Professioni che oggi esistono potrebbero scomparire domani. Serve flessibilità, formazione continua, una cultura che sappia evolversi. L'IA, come ogni grande innovazione, può essere un acceleratore del progresso o una minaccia alla stabilità. Dipende da come decidiamo di utilizzarla.

In conclusione, l'intelligenza artificiale è una risorsa immensa. Se guidata da etica, trasparenza e consapevolezza, può migliorare radicalmente la nostra qualità della vita. Non è una minaccia da temere, ma una sfida da affrontare con intelligenza e responsabilità. Il futuro non è scritto: possiamo ancora scriverlo insieme, un algoritmo alla volta.

CAPITOLO 9

ELETTRIZZATI DAL FUTURO: IL BOOM DEI VEICOLI ELETTRICI E L'INFLUENZA DELL'IA NELL'AUTOMOTIVE

Può sembrare sorprendente, ma i primi prototipi di veicoli elettrici risalgono al XIX secolo. Il primo veicolo elettrico funzionante fu costruito nel 1891 da un chimico americano: una carrozza elettrificata in grado di trasportare sei passeggeri a una velocità massima di 23 km/h. Tuttavia, questo successo iniziale durò poco. Con l'inizio del XX secolo, il settore automobilistico fu rivoluzionato dalla scoperta di giacimenti petroliferi e dall'introduzione della catena di montaggio di Henry Ford. Questi due elementi permisero la produzione su larga scala di auto a combustione a prezzi accessibili, con maggiore autonomia e praticità rispetto ai veicoli elettrici, che furono così messi da parte per decenni.

Solo in tempi recenti, con l'aumento della consapevolezza ambientale e la necessità di ridurre le emissioni, i veicoli elettrici sono tornati al centro dell'attenzione. Grazie ai progressi tecnologici nelle batterie, nei motori elettrici e nell'elettronica di gestione, oggi offrono prestazioni elevate, autonomia crescente e una significativa riduzione dei costi operativi.

Tesla, fondata nel 2003 da Elon Musk, ha giocato un ruolo fondamentale in questa rinascita, combinando innovazione, design e marketing. I suoi veicoli sono dotati di funzionalità avanzate come l'autopilota, aggiornamenti software via Internet e connettività avanzata. Curiosamente, il nome "Tesla" fu acquistato da un giovane di Sacramento per 75.000 dollari.

Le vendite globali di veicoli elettrici hanno raggiunto i 16,7 milioni di unità nel 2024, il 20% delle vendite totali.

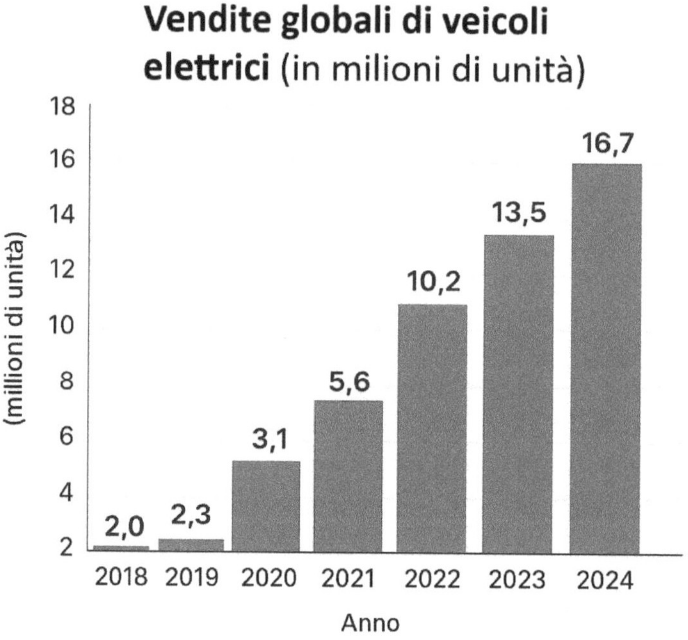

Vendite veicoli elettrici

La Cina è il leader di mercato con quasi il 60% delle vendite globali. Il governo cinese ha investito oltre 72 miliardi di dollari in incentivi e infrastrutture per favorire l'adozione di veicoli elettrici, sfruttando anche il vantaggio competitivo derivante dal possesso delle "terre rare", essenziali per le batterie. Secondo diverse analisi di mercato, molte case automobilistiche cinesi vendono veicoli elettrici sotto il costo di produzione, sostenute da massicce sovvenzioni statali. In questo modo, la Cina non solo accelera la propria transizione interna, ma conquista quote di mercato globale a discapito dei produttori occidentali. L'Unione Europea ha avviato un'indagine anti-dumping per verificare la legittimità di queste pratiche e, in caso vengano confermate violazioni, potrebbe introdurre dazi compensativi o restrizioni all'importazione per tutelare le imprese europee. Bruxelles sta anche valutando nuove politiche industriali, tra cui incentivi alla produzione locale, fondi per l'innovazione e l'accelerazione della costruzione di gigafactory europee per le batterie, al fine di rafforzare la sovranità tecnologica del continente. Tesla gode ancora di un vantaggio competitivo, specialmente negli Stati Uniti, dove l'intelligenza artificiale integrata nei veicoli contribuisce a ridurre i premi assicurativi grazie alla maggiore sicurezza. A differenza di altri produttori, Tesla non utilizza sensori LiDAR, ritenuti troppo costosi e potenzialmente meno affidabili in certe condizioni. Musk sostiene che una rete neurale basata su telecamere ad alta definizione sia sufficiente per garantire una guida autonoma sicura.

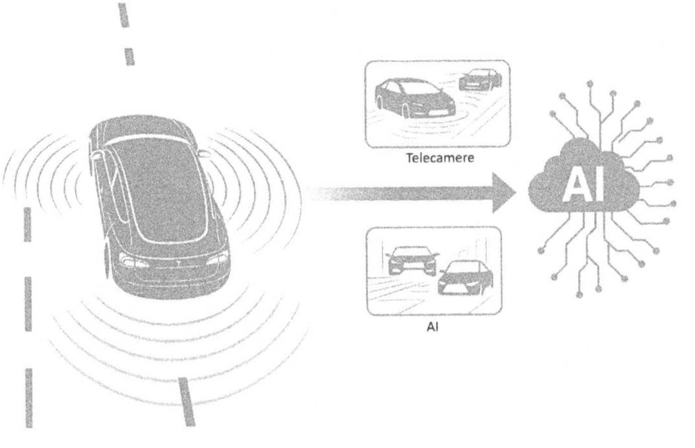

IA veicoli elettrici

Tesla raccoglie dati da milioni di veicoli per migliorare i propri sistemi di guida e mappatura. Tuttavia, questo approccio ha sollevato preoccupazioni: la Cina ha limitato l'accesso dei veicoli Tesla ad alcune zone per il timore della raccolta di dati sensibili. In un contesto dove i dati rappresentano un asset strategico, la mobilità si intreccia con la geopolitica e la sicurezza nazionale.

Tesla non è più semplicemente un marchio automobilistico: è un progetto tecnologico globale che abbraccia l'intelligenza artificiale, le reti neurali, la robotica e le infrastrutture intelligenti. Ogni veicolo Tesla è, di fatto, un computer su ruote, dotato di sensori, software e chip progettati per apprendere costantemente dall'esperienza collettiva di milioni di chilometri percorsi. Il sistema di guida autonoma Full Self-Driving è alimentato da Dojo, il supercomputer sviluppato internamente per l'addestramento delle reti neurali su vasta scala, capace di elaborare enormi quantità di dati visivi in tempo reale. Ma la visione di Tesla va ben oltre la mobilità. Sta prendendo forma un ecosistema integrato, in cui i veicoli si connettono a una rete globale, anche grazie al supporto di Starlink, l'infrastruttura satellitare creata da SpaceX per garantire connettività ovunque. A questo si aggiunge la costruzione di Tesla Diner, veri e propri punti di ristoro nei pressi delle stazioni Supercharger, concepiti per trasformare il tempo di ricarica in un'esperienza di comfort, intrattenimento e connessione digitale.

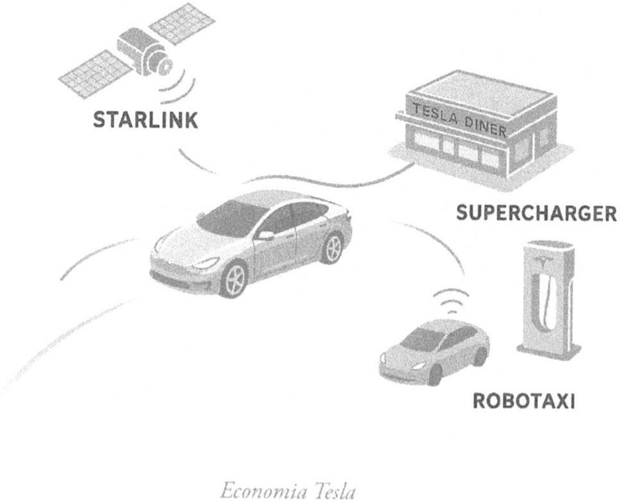

Mentre il mondo guarda al futuro con prudenza, Tesla progetta una rete di robotaxi autonomi, pensati per rivoluzionare il trasporto urbano, eliminare il concetto di proprietà individuale dell'auto e offrire un'alternativa sostenibile e intelligente alla mobilità tradizionale. In sintesi, Tesla non sta costruendo solo veicoli, ma un'intera infrastruttura per un futuro interconnesso, sostenibile e guidato dall'intelligenza artificiale. Mentre Tesla definisce un nuovo paradigma a livello globale, l'Europa si trova ad affrontare sfide diverse ma altrettanto decisive per accelerare l'adozione dell'elettrico.

In Italia e in Europa, l'adozione su larga scala dei veicoli elettrici dipende dallo sviluppo delle infrastrutture di ricarica e dal miglioramento dell'autonomia delle batterie, attualmente intorno ai 300 km. Un altro elemento cruciale sarà la capacità di riconvertire il settore produttivo: l'Italia è uno dei leader mondiali nella produzione di microcomponenti, ma i veicoli elettrici ne utilizzano circa il 30% in meno rispetto a quelli a combustione. Sarà quindi fondamentale investire in nuove competenze e riconvertire le filiere.

Alcuni paesi stanno già sperimentando tecnologie di ricarica dinamica, ovvero strade che ricaricano le auto elettriche mentre viaggiano. Queste innovazioni potrebbero trasformare le auto da costo a risorsa, permettendo persino di rivendere l'energia accumulata.

Energia auto elettriche

Parallelamente, l'intelligenza artificiale sta rivoluzionando il mondo del lavoro. L'automazione intelligente, in grado di sostituire compiti ripetitivi e supportare il lavoro umano intelligente – la combinazione di IA, robotica, analisi dei dati e decisioni autonome – sta ridefinendo ruoli e funzioni in ogni settore. Chatbot, assistenti virtuali e sistemi predittivi stanno trasformando il customer service, la contabilità, le risorse umane e la logistica. Nell'industria, i cobot e le macchine intelligenti aumentano l'efficienza e riducono i guasti. Anche nella logistica e nel marketing, l'IA ottimizza ogni fase, dalla produzione alla personalizzazione delle esperienze d'acquisto.

Questa trasformazione non riguarda solo le grandi imprese. Anche freelance e microimprese possono oggi gestire attività complesse grazie a strumenti intelligenti. Tuttavia, ciò solleva interrogativi sul futuro del lavoro. Secondo McKinsey, entro il 2030 circa 375 milioni di lavoratori dovranno acquisire nuove competenze per restare competitivi.

Riqualificazione professionale

Il focus sarà sempre più su soft skill come creatività, pensiero critico, intelligenza emotiva e capacità di risolvere problemi complessi.

Esattamente come quanto avvenuto durante la rivoluzione industriale, l'innovazione distrugge alcuni lavori ma ne crea altri. Emergeranno nuove professioni come etici dell'IA, allenatori di modelli linguistici, curatori digitali e progettisti di interfacce uomo-macchina. L'IA non sostituirà il lavoro umano, ma ne trasformerà natura e significato.

In conclusione, la transizione verso la mobilità elettrica e l'automazione intelligente, in grado di sostituire compiti ripetitivi e supportare il lavoro umano intelligente è già in atto. Sta a noi guidarla con visione, consapevolezza e responsabilità. Le opportunità sono immense, ma richiedono investimenti in infrastrutture, formazione e politiche inclusive. L'innovazione tecnologica non è un fine in sé, ma uno strumento potente per costruire un futuro più sostenibile, equo e innovativo.

CAPITOLO 10

IL FUTURO È GIÀ QUI, IL CONTO ALLA ROVESCIA PER LA RIVOLUZIONE TECNOLOGICA

Viviamo in un'epoca di trasformazione profonda, un periodo in cui le innovazioni tecnologiche stanno riscrivendo le regole del mondo che conoscevamo. L'intelligenza artificiale non è più un concetto futuristico: è parte integrante della nostra quotidianità e sta rapidamente rivoluzionando il modo in cui lavoriamo, apprendiamo, comunichiamo e viviamo.

Futuro con IA

Non possiamo rispondere con precisione a tutte le domande che il futuro ci pone, ma possiamo affermare con certezza una cosa: il futuro è adesso. È il momento di prepararci e di innovare, di diventare parte attiva di questo cambiamento. Dicono che se hai un problema e non fai parte della soluzione, allora fai parte del problema stesso. Ecco perché dobbiamo cavalcare il cambiamento, prenderlo a braccetto e dominarlo. Occorre integrare le nuove tecnologie nei processi, educarsi, adottare una mentalità flessibile e investire la nostra risorsa più preziosa: il tempo. Ogni giorno, ogni ora, ogni minuto ci avvicina al momento di svolta in cui la nostra società sarà completamente immersa nella nuova era tecnologica.

Sta a noi, come individui e come imprese, cogliere questa opportunità.

L'intelligenza artificiale ha un impatto diretto anche sulla sicurezza informatica. In un mondo sempre più interconnesso e digitalizzato, la cybersecurity è diventata una delle preoccupazioni centrali per governi, aziende e cittadini. Gli attacchi informatici non sono più episodi isolati: rappresentano una minaccia quotidiana con conseguenze economiche, politiche e sociali. L'intelligenza artificiale in questo contesto si comporta come un'arma a doppio taglio: da un lato rappresenta un potente alleato nella difesa digitale, dall'altro è uno strumento potente nelle mani dei cybercriminali.

UN'ARMA A DOPPIO TAGLIO

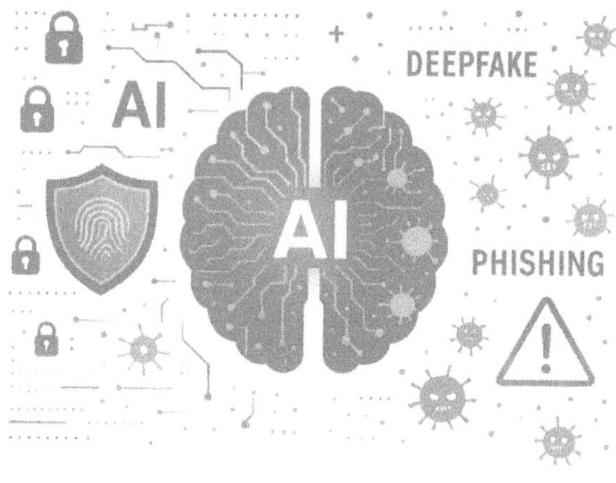

La potenza dell'IA e relativi rischi

Con l'introduzione dell'intelligenza artificiale, alcuni rischi tradizionali potranno essere meglio contenuti, grazie alla maggiore capacità di monitoraggio e risposta automatica. Tuttavia, come spesso accade con ogni evoluzione tecnologica, la riduzione di vecchie minacce lascia spazio alla nascita di nuove vulnerabilità. I sistemi diventano più complessi, interconnessi e dipendenti da modelli predittivi che, se manipolati, possono generare danni su larga scala. L'intelligenza artificiale potrà aiutare a prevenire molti attacchi, ma aprirà anche la strada a minacce prima impensabili: virus capaci di apprendere, attacchi generati da IA contro altre IA, manipolazioni cognitive tramite contenuti sintetici. In questa nuova era, la sicurezza non sarà mai statica, ma un processo dinamico in continua evoluzione.

La cybersecurity tradizionale basata su antivirus e firewall fatica a fronteggiare minacce evolute. L'IA, grazie alla sua capacità di apprendere e adattarsi, consente un approccio proattivo, predittivo e in tempo reale. Gli algoritmi intelligenti basati sul machine learning, ovvero l'apprendimento automatico che consente ai sistemi di migliorare le proprie prestazioni nel tempo, analizzano il traffico di rete, l'attività degli utenti e i tentativi di accesso e individuano le anomalie, bloccando potenziali attacchi prima che causino danni.

I sistemi SIEM (Security Information and Event Management) moderni integrano moduli di intelligenza artificiale per aggregare e interpretare milioni di eventi in tempo reale, supportando gli analisti nella prevenzione. Anche nella biometria, l'IA alimenta sistemi di riconoscimento facciale e vocale, aumentando la precisione nell'autenticazione ma sollevando interrogativi sulla privacy e sul controllo sociale.

Anche i criminali informatici si avvalgono dell'IA. Sistemi automatici generano phishing mirati, malware mutanti e deepfake convincenti. Botnet intelligenti conducono attacchi DDoS (Denial of Service) su vasta scala. L'IA viene usata per scansionare vulnerabilità con una velocità fuori dalla portata dell'essere umano.

È in atto una corsa agli armamenti tecnologica, con intelligenze artificiali contrapposte. Per affrontare questa sfida, stanno emergendo modelli ibridi in cui umani e IA collaborano: l'IA automatizza le operazioni ripetitive, mentre gli esperti si concentrano sulle decisioni strategiche. La formazione cambia, le università aggiornano i percorsi per creare nuovi cyberdefender, capaci di sfruttare l'IA in modo etico e consapevole.

A livello geopolitico, la cybersecurity basata su IA è ora parte integrante delle strategie militari e diplomatiche. Le organizzazioni internazionali lavorano su norme per limitare l'uso offensivo dell'IA. La cultura della resilienza digitale è ormai essenziale: ogni cittadino, ogni dispositivo e ogni azienda è un potenziale bersaglio. L'innovazione tecnologica non può sostituire la consapevolezza umana.

Nel frattempo, anche il mondo del lavoro sta vivendo una trasformazione radicale. Secondo uno studio di Goldman Sachs, entro il 2030 l'IA potrebbe sostituire l'equivalente di 300 milioni di posti di lavoro a tempo pieno, circa il 9% della forza lavoro mondiale. Tuttavia, potrebbe anche generare nuovi lavori e aumentare la produttività.

Studi italiani indicano che in Italia l'80% delle professioni cambierà entro il 2030, e settori come manifattura, finanza e telecomunicazioni saranno tra i più esposti.

Crescita adozione dell'IA nel mondo

Elon Musk ha previsto che entro il 2040 potremmo avere un miliardo di robot umanoidi. Tesla stessa ha presentato Optimus, un robot con movimenti simili a quelli umani. La Commissione Europea prevede 58 milioni di nuovi posti di lavoro, ma con il 24% della forza lavoro da ricollocare.

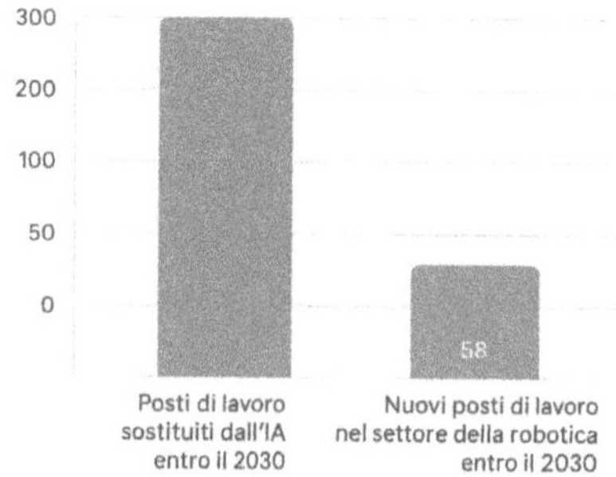

Posti di lavoro

Sarà necessario investire in formazione, ricerca e innovazione e costruire un quadro normativo efficace. Le disuguaglianze del futuro non saranno solo economiche, ma anche digitali e cognitive. Da qui nasce il dibattito sul reddito universale.

E se un giorno le macchine prendessero decisioni politiche? Sarebbero incorruttibili e non influenzabili. Ma proprio per questo potrebbero essere pericolose. Elon Musk ha spiegato che, come l'uomo asfalta una strada senza preoccuparsi delle formiche, così un'IA potrebbe eliminare ciò che ostacola i suoi obiettivi, anche se si tratta di esseri umani. È un'ipotesi estrema, ma da non sottovalutare.

Ci troviamo nel cuore di un cambiamento epocale. Il tempo sembra correre più veloce, sospinti da un'innovazione che riscrive le regole e accelera ogni processo. Viviamo in un labirinto digitale, dove le lancette dell'orologio scorrono secondo un nuovo ritmo. La scelta non è se partecipare, ma se sfruttare il cambiamento o subirlo.

In conclusione, non c'è più bisogno di aspettare il futuro. Il futuro è qui. Ed è nelle nostre mani decidere se esserne spettatori o protagonisti.

Questo libro non vuole darti tutte le risposte, ma offrirti uno strumento per iniziare a porti le giuste domande. Se anche solo una pagina ti ha aiutato ad aprire occhi, mente o cuore, allora abbiamo fatto un passo nella direzione giusta. Il cambiamento è già iniziato. Sta a noi decidere se guidarlo… o lasciarci trascinare. E il tempo per farlo è adesso.

Parte 3

Usare l'IA nella vita quotidiana e nel lavoro: una raccolta di strumenti utili

CAPITOLO 11

L'INTELLIGENZA ARTIFICIALE NELLA VITA DI TUTTI I GIORNI – ANCHE SE NON SEI UN TECNICO

L'intelligenza artificiale non è più una tecnologia lontana, relegata ai laboratori o agli specialisti del settore. È una presenza silenziosa, ma costante, che accompagna le nostre azioni quotidiane. Dalla sveglia che si adatta ai nostri ritmi del sonno, al navigatore che ci suggerisce percorsi alternativi, fino all'assistente virtuale che scrive per noi le email, l'IA è diventata un'estensione invisibile del nostro stile di vita. Anche chi non ha alcuna preparazione tecnica la utilizza ogni giorno, spesso senza rendersene conto. E proprio qui risiede la sua forza: essere utile, senza essere invadente.

Routine con IA

Molte persone iniziano la giornata con lo smartphone che segnala il meteo, la temperatura esterna, gli impegni in agenda e persino l'orario in cui sarebbe meglio uscire per evitare il traffico. Queste informazioni sono frutto di una continua elaborazione da parte di algoritmi intelligenti che apprendono dalle nostre abitudini. Se ogni lunedì accendiamo la macchina alle 8:15 e impieghiamo 35 minuti per arrivare al lavoro, il sistema sarà in grado di avvisarci se un incidente sull'autostrada ci farà ritardare. La stessa logica vale per la musica suggerita su Spotify, le notizie selezionate da Google News o i prodotti consigliati nei negozi online.

Anche le comunicazioni digitali sono sempre più influenzate dall'IA. Redigere un'email, rispondere a un messaggio complesso o correggere un testo diventa più semplice grazie ad assistenti intelligenti che suggeriscono parole, frasi, toni. Alcuni strumenti imparano addirittura il nostro stile di scrittura, rendendo le comunicazioni sempre più naturali. Questo permette di risparmiare tempo, evitare errori e ridurre lo stress, soprattutto in ambiti professionali dove ogni parola conta.

FRIDAY APP

L'organizzazione della vita personale sta vivendo una trasformazione simile. App di pianificazione intelligenti combinano calendari, liste di cose da fare, promemoria e preferenze personali per creare agende flessibili e realistiche. Alcune sono in grado di spostare automaticamente un'attività se rilevano un imprevisto, oppure di suggerire il momento migliore per dedicarsi a una certa attività in base al nostro livello di energia. Pianificare un viaggio, ad esempio, non richiede più ore di ricerche: basta formulare una richiesta – come "un weekend rilassante al lago con passeggiate e cucina tipica" – e l'IA ci propone un itinerario con hotel, ristoranti e attività.

Le case stanno diventando veri e propri ecosistemi intelligenti. Termostati che apprendono le nostre preferenze e regolano la temperatura in automatico, luci che si accendono o spengono a seconda della luce naturale, tapparelle che si alzano in base all'ora del risveglio, frigoriferi che monitorano la scadenza dei prodotti e suggeriscono ricette. Anche la sicurezza domestica è stata rivoluzionata: videocamere con riconoscimento facciale, allarmi intelligenti, sensori che rilevano fumo, gas o movimenti anomali. Alcuni sistemi inviano notifiche se una finestra è rimasta aperta o se una porta si è chiusa troppo velocemente. La casa, da semplice contenitore di oggetti, si trasforma in un ambiente che risponde, apprende e protegge.

Case del futuro

L'intelligenza artificiale non si ferma alle mura domestiche: sta rivoluzionando anche il modo in cui riceviamo beni, mangiamo fuori casa e gestiamo le risorse nel commercio. Un esempio concreto è rappresentato dalla **consegna dei pacchi tramite droni autonomi**. In paesi come Stati Uniti, Emirati

Arabi e Giappone, aziende come Amazon e Wing (di Alphabet) hanno già avviato servizi di consegna aerea in grado di recapitare un ordine in meno di 30 minuti. Questi droni non seguono percorsi preimpostati, ma elaborano continuamente dati sul traffico aereo, condizioni meteorologiche e ostacoli urbani per scegliere la traiettoria più sicura ed efficiente. L'obiettivo non è solo velocizzare le consegne, ma anche ridurre l'impatto ambientale e la congestione urbana causata dai corrieri su gomma. Nel tempo, queste soluzioni potrebbero diventare parte integrante delle città intelligenti, integrandosi con semafori connessi, reti 5G e piattaforme logistiche automatizzate.

Droni consegna pacchi

Parallelamente, anche il settore della ristorazione sta conoscendo una trasformazione radicale. In alcune metropoli asiatiche e statunitensi sono già attivi **fast food completamente robotizzati**, dove non esiste personale umano in cucina. Tutto il processo, dalla presa dell'ordine alla preparazione, fino alla consegna al cliente, è gestito da un sistema coordinato di bracci robotici, sensori, telecamere e software predittivi. Questi ristoranti non solo garantiscono velocità e precisione, ma abbattono drasticamente il margine di errore, migliorano la qualità igienico-sanitaria e permettono un controllo in tempo reale delle prestazioni operative. Alcuni sistemi sono persino in grado di "apprendere" dai feedback dei clienti, adattando porzioni, sapori e tempi di cottura. Il risultato? Un'esperienza personalizzata anche nel settore più standardizzato in assoluto della ristorazione.

Fastfood del futuro

Dietro queste innovazioni c'è un'altra applicazione fondamentale dell'IA: **la gestione intelligente del magazzino e delle scorte**. Negozi, ristoranti e aziende logistiche stanno adottando sistemi predittivi capaci di analizzare i dati storici di vendita, i trend stagionali, i comportamenti d'acquisto dei clienti e persino fattori esterni come eventi locali o variazioni climatiche. Questo consente di prevedere con precisione la domanda futura, evitando sia l'accumulo di merce invenduta sia la carenza di prodotti chiave. Nei grandi centri logistici, robot autonomi guidati da algoritmi di ottimizzazione si muovono tra scaffali e corsie, prelevando articoli, smistando pacchi e organizzando le spedizioni in tempo reale. L'intervento umano si riduce alle attività di supervisione e manutenzione, mentre tutto il resto è gestito da intelligenze artificiali che comunicano tra loro, si coordinano e imparano costantemente dai dati.

Tutto ciò ci proietta verso un futuro in cui la logistica, il commercio e la ristorazione saranno sempre più **automatizzati, efficienti e incentrati sull'esperienza del consumatore**. Ciò che colpisce maggiormente è che queste tecnologie, un tempo riservate a progetti sperimentali, stanno entrando con discrezione nella quotidianità di milioni di persone. Senza accorgercene, ci stiamo abituando a ricevere in tempi rapidissimi un ordine fatto dal divano di casa, a mangiare un panino preparato da un robot o a trovare sugli scaffali esattamente ciò che ci aspettavamo, grazie a un'IA che ha imparato a prevedere i nostri bisogni meglio di noi stessi.

Non mancano, però, riflessioni importanti da fare sulla gestione dei dati personali. Ogni interazione con dispositivi intelligenti genera informazioni sensibili: abitudini, spostamenti, preferenze. È fondamentale, quindi, che l'utente sia consapevole e che scelga dispositivi dotati di impostazioni chiare sulla privacy. Alcuni produttori offrono dashboard per controllare e limitare i dati condivisi, criptare le comunicazioni o disattivare temporaneamente i microfoni. La consapevolezza digitale è la chiave per godere dei vantaggi dell'IA senza rinunciare alla propria libertà.

Un altro ambito dove l'IA sta mostrando tutto il suo potenziale è l'assistenza quotidiana alle persone più fragili. Dispositivi con intelligenza artificiale possono ricordare di prendere una medicina, monitorare i parametri vitali, avvisare un familiare in caso di comportamento anomalo o cadute. Anche le interazioni sociali possono essere stimolate grazie a chatbot che conversano con l'anziano o a dispositivi vocali che leggono ad alta voce giornali o libri. In futuro, queste soluzioni potranno contribuire a migliorare la qualità della vita di chi vive da solo o ha limitazioni fisiche, favorendo l'autonomia senza perdere il contatto umano.

Un altro fronte in rapida espansione è quello dei **dispositivi indossabili con intelligenza artificiale integrata**, veri e propri assistenti personali che ci accompagnano ovunque, monitorando costantemente la nostra salute, il benessere psicofisico e le attività quotidiane. Gli smartwatch di ultima generazione, ad esempio, non si limitano più a contare i passi o misurare la frequenza cardiaca, ma sono in grado di **rilevare aritmie, monitorare la qualità del sonno in modo avanzato, segnalare livelli di stress e persino anticipare potenziali episodi critici** grazie all'analisi predittiva dei dati biometrici. Alcuni modelli sono dotati di **funzioni di emergenza intelligenti**, come l'invio automatico di un SOS in caso di caduta o arresto anomalo dei parametri vitali.

A fianco degli orologi smart stanno emergendo altri dispositivi ancora più specializzati. **Anelli intelligenti**, discreti ma potenti, riescono a raccogliere dati sul battito, la temperatura corporea e l'ossigenazione del sangue con una precisione clinica, integrandoli con app di salute mentale o di allenamento personalizzato. Gli **occhiali smart**, invece, stanno superando la fase sperimentale: alcuni modelli con IA integrata sono in grado di fornire informazioni in realtà aumentata, tradurre testi in tempo reale, suggerire percorsi o riconoscere oggetti e volti, diventando così uno strumento utile anche per le persone ipovedenti o con difficoltà cognitive.

META RAYBAN

Ho avuto il piacere di essere invitato negli uffici Meta e di poter constatare personalmente quanto queste tecnologie non siano più soltanto concetti futuristici, ma realtà concrete. Durante la mia visita negli uffici di Meta ho potuto osservare da vicino la loro linea di dispositivi indossabili, sviluppata in collaborazione con marchi come Ray-Ban e Oakley. Si tratta di occhiali che uniscono design e tecnologia, integrando in modo discreto telecamere, microfoni e altoparlanti, pensati per accompagnare l'utente nelle diverse fasi della giornata: dal lavoro allo sport, fino al tempo libero.

Quello che mi ha colpito non è stata soltanto l'innovazione tecnica, ma la visione: creare strumenti che diventino estensioni naturali della nostra vita digitale, anticipando scenari in cui i wearable potrebbero persino sostituire lo smartphone come dispositivo principale. Questo significa che Meta, oltre a rafforzare il proprio ruolo nelle piattaforme social e nello sviluppo dell'intelligenza artificiale, si prepara a diventare uno dei principali player in concorrenza diretta con le aziende che oggi dominano il mercato degli smartphone. Una sfida che nei prossimi anni potrebbe ridisegnare completamente gli equilibri del settore tecnologico.

Un aspetto che ho apprezzato è l'attenzione al tema della privacy: ogni volta che viene scattata una foto o registrato un video, un LED lampeggiante si accende per avvisare le persone circostanti, garantendo trasparenza e rispetto delle normative vigenti.

Questa esperienza mi ha fatto riflettere su come Meta non sia più soltanto un colosso delle piattaforme digitali, ma stia assumendo un ruolo cruciale nello sviluppo dell'intelligenza artificiale e dei dispositivi indossabili, candidandosi a diventare uno dei player più influenti del panorama tecnologico internazionale Quella che oggi vediamo negli occhiali intelligenti rappresenta solo l'inizio di una trasformazione molto più ampia. L'idea alla base è la stessa: rendere la tecnologia sempre più integrata, invisibile e adattata alle esigenze dell'utente. E se gli occhiali possono diventare un'estensione della vista e della comunicazione, altri dispositivi indossabili stanno seguendo la stessa strada, offrendo nuove possibilità e funzioni impensabili fino a pochi anni fa.

Visita Uffici Meta

La nuova generazione di **auricolari intelligenti** sfrutta l'IA per adattare il suono in base all'ambiente, cancellare il rumore in modo dinamico, monitorare la postura della testa e persino rilevare il tono emotivo della voce dell'utente. Alcuni dispositivi sperimentali, indossati come **patch sulla pelle o come tessuti intelligenti**, riescono a monitorare in tempo reale la glicemia, l'idratazione o lo stato muscolare, rappresentando un'evoluzione importante nel campo della medicina preventiva e dello sport.

Ciò che rende questi strumenti realmente innovativi non è solo la raccolta passiva di dati, bensì **la capacità dell'IA di interpretare, contestualizzare e agire**. Non ci limitiamo più a leggere dei numeri su un'app, ma riceviamo consigli personalizzati, alert intelligenti e suggerimenti su misura per migliorare la nostra vita quotidiana: dal "oggi salta la corsa, il tuo corpo è affaticato" al "dormi 30 minuti in più domani, il tuo ritmo circadiano lo richiede".

I dispositivi indossabili, alimentati dall'intelligenza artificiale, stanno diventando **estensioni del nostro corpo e della nostra mente**, capaci non solo di misurare ciò che accade, ma di aiutarci a vivere meglio, prevenendo problemi, suggerendo azioni e accompagnandoci verso una maggiore consapevolezza del nostro stato psicofisico.

In prospettiva, questi dispositivi indossabili non saranno soltanto strumenti complementari, ma potrebbero arrivare a sostituire gli smartphone come interfaccia principale della nostra vita digitale. L'evoluzione della miniaturizzazione, combinata con l'intelligenza artificiale e le reti ad alta velocità come il 5G e il futuro 6G, porterà a un cambio di paradigma: non avremo più bisogno di estrarre un telefono dalla tasca per accedere alle informazioni o comunicare. Occhiali con realtà aumentata, auricolari intelligenti e interfacce vocali avanzate diventeranno i nostri punti di contatto quotidiani con la rete, fornendoci in tempo reale tutto ciò che oggi passa dallo schermo di uno smartphone. In questo scenario, lo smartphone come lo conosciamo oggi potrebbe trasformarsi in un oggetto sempre meno centrale, relegato a funzioni specifiche, mentre l'esperienza digitale si sposterà direttamente sul nostro corpo e nella nostra percezione sensoriale.

Naturalmente, non tutti hanno la stessa dimestichezza con la tecnologia. Esistono barriere culturali, generazionali ed economiche. Ma l'IA può diventare anche uno strumento per superarle. Esistono versioni semplificate di assistenti vocali, interfacce intuitive per persone anziane, tutorial personalizzati e dispositivi a basso costo pensati proprio per favorire l'inclusione digitale. L'alfabetizzazione tecnologica non è più un lusso, ma una competenza essenziale per navigare il presente.

Un fenomeno emergente che cambierà radicalmente il nostro rapporto con l'informazione riguarda il ruolo stesso dei motori di ricerca. Google, da sempre il punto di partenza per cercare risposte, si sta trasformando progressivamente in un assistente conversazionale. Con l'introduzione di Gemini, l'utente riceve sempre più spesso una risposta diretta, sintetizzata da un'intelligenza artificiale, senza nemmeno dover cliccare sui link. Queste risposte sono generate a partire da dati raccolti e addestrati anche dai contenuti presenti sul web – blog, articoli, siti specializzati – che fino a ieri costituivano le fonti di traffico per chi produceva informazione. Ma se sempre più persone otterranno direttamente ciò che cercano da un chatbot, la domanda nasce spontanea: che senso avrà continuare a scrivere e pubblicare, se il traffico organico diminuirà drasticamente? Questa dinamica mette in discussione il modello stesso su cui si è costruito Internet: la condivisione libera e incentivata del sapere. Nei prossimi anni, questa trasformazione potrebbe ridefinire il modo in cui l'informazione viene prodotta, indicizzata e consumata.

Questa trasformazione non riguarda solo la tecnologia, ma anche la nostra percezione stessa della rete e del suo valore. È in questo contesto che negli ultimi anni è emersa la cosiddetta teoria della morte di Internet. Secondo questa visione, la rete non sarebbe più uno spazio autentico di scambio tra persone reali, ma un ambiente sempre più popolato da contenuti generati artificialmente e da interazioni automatizzate. In questo scenario, una parte consistente di ciò che leggiamo online — articoli, commenti, recensioni — potrebbe non provenire da individui in carne e ossa, ma da bot e intelligenze artificiali, con il rischio di ridurre progressivamente il ruolo delle voci umane. Collegata all'evoluzione dei motori di ricerca, questa teoria solleva domande cruciali: se Google diventa un chatbot che filtra e rielabora i contenuti, quanto spazio rimarrà alle fonti originali? E, soprattutto, come cambierà la nostra percezione di ciò che è "vero" e ciò che non lo è?

Nel prossimo futuro, l'IA quotidiana sarà ancora più predittiva. Non si limiterà a rispondere a comandi, ma sarà in grado di anticipare i nostri bisogni. Potrà suggerire di prenotare un appuntamento dal medico in base a cambiamenti nei nostri parametri, ordinare la spesa automaticamente quando rileva che manca qualcosa, o consigliare una pausa se nota segnali di affaticamento. Queste tecnologie, se usate con equilibrio e consapevolezza, potranno migliorare sensibilmente la qualità della vita, lasciando più spazio alla creatività, alle relazioni e al benessere.

L'intelligenza artificiale nella vita quotidiana non è più un'opzione, quindi, ma una realtà. Una realtà che può semplificare, organizzare, proteggere e ispirare. Non serve essere tecnici, programmatori o esperti: basta essere curiosi, aperti al cambiamento e pronti a farsi aiutare. Nei prossimi capitoli, vedremo come queste tecnologie possano rivoluzionare anche il nostro modo di lavorare e creare.

CAPITOLO 12

I MIGLIORI STRUENTI DI IA PER IL LAVORO E IL BUSINESS

L'intelligenza artificiale non è più una risorsa esclusiva riservata a grandi aziende o esperti informatici. Oggi è uno strumento a disposizione di tutti: freelance, insegnanti, marketer, artigiani, imprenditori e professionisti in cerca di maggiore efficienza, creatività e organizzazione. Saperla integrare nel proprio lavoro quotidiano non è solo un vantaggio competitivo: è una necessità in un mondo dove l'agilità e l'adattabilità sono qualità fondamentali. In questo capitolo esploreremo come l'IA può essere messa concretamente al servizio della produttività e dell'innovazione nel lavoro, attraverso strumenti accessibili e già operativi.

Per chi lavora in proprio o in team snelli, l'IA rappresenta una rivoluzione. Un freelance, ad esempio, può ottimizzare ogni fase della sua attività: dalla scrittura dei testi alla gestione delle scadenze, dal rapporto con i clienti alla promozione online. Strumenti come quelli basati su modelli linguistici generativi permettono di redigere preventivi, email, proposte commerciali e contenuti editoriali in pochi minuti. Alcuni software, come quelli che uniscono scrittura e organizzazione, riescono a riassumere riunioni, trasformare idee in piani di progetto e suggerire titoli o call to action persuasivi. In questo modo, si libera tempo prezioso per le attività a maggior valore aggiunto: la strategia, la relazione umana, la creatività.

STRUMENTO	FUNZIONE PRINCIPALE	TIPO DI UTENTE IDEALE	VANTAGGIO DISTINTIVO
ChatGPT	Scrittura testi, risposte, idee	Tutti	Versatilità, qualita linguistica
Midjourney	Organizzazione, documenti, riassunti	Team, freelance	Integrazione in flussi di lavoro
Synthesia	Generazione immagini artistiche	Formatori, marketing	Stile visivo altamente creativo
Runway ML	Video con avatar e voce sintetica	Creator, editor video	Video professionali in pochi clic

Strumenti utili AI

Per ottenere davvero il massimo dagli strumenti di intelligenza artificiale è però fondamentale sapere come comunicare con essi. La qualità delle risposte dipende in gran parte dalla chiarezza e dalla struttura del prompt che scriviamo. Un prompt ben formulato non è mai frutto del caso: richiede metodo, precisione e una logica che può essere appresa da chiunque. Di seguito trovi una rappresentazione visiva dell'"anatomia" di un prompt efficace, che ti aiuterà a comprendere come guidare l'IA verso il risultato che desideri.

[Agisci come un insegnante di italiano]	[Contesto]
[aiutami a migliorare il mio testo rendendolo più scorrevole]	[Obiettivo]
[usando un linguaggio semplice e massimo 300 parole]	[Dettagli e vincoli]
[ad esempio così: "Ciao! Ti spiego in modo chiaro..."]	[Esempio]

La struttura di un prompt

Un prompt si compone idealmente di cinque elementi: il contesto, che definisce lo scenario; l'obiettivo, che chiarisce cosa vuoi ottenere; i dettagli e vincoli, che delimitano lo stile e le regole; l'esempio, che funge da modello di riferimento; e infine l'output atteso, che indica il formato della risposta. Comprendere la struttura di un prompt efficace è il primo passo per sfruttare al meglio qualsiasi strumento di intelligenza artificiale. Una volta acquisita questa abilità, diventa molto più semplice applicarla nei diversi settori professionali, dall'istruzione al marketing, fino alla gestione di piccole imprese.

Nel settore dell'istruzione e della formazione, l'intelligenza artificiale è un supporto prezioso per chi insegna. I docenti possono creare quiz, slide, esercizi personalizzati, percorsi di recupero e materiali integrativi con pochi clic. Alcuni strumenti simulano il ruolo di tutor digitale, guidando lo studente nel ragionamento e correggendo in modo formativo, non punitivo. Questo approccio permette di adattare l'insegnamento alle esigenze dei singoli studenti, riducendo il carico burocratico e valorizzando il tempo speso nella relazione educativa. Anche la formazione aziendale può trarre grandi vantaggi da queste tecnologie, con corsi dinamici, adattivi e disponibili in tempo reale su qualsiasi dispositivo.

Gamma App

Nel mondo del marketing, l'IA ha avuto un impatto dirompente. Chi si occupa di comunicazione, advertising o gestione di social può oggi generare contenuti visivi, testuali e video di alta qualità in tempi ridottissimi. Le immagini per campagne pubblicitarie vengono create partendo da semplici descrizioni, mentre i video vengono generati automaticamente da uno script. I testi per post, annunci o newsletter possono essere generati in pochi secondi, tenendo conto del tono di voce del brand e dell'obiettivo della comunicazione. Persino l'ottimizzazione SEO può essere gestita con il supporto dell'IA, che suggerisce parole chiave, struttura dei paragrafi e titoli efficaci. In questo scenario, l'umano rimane al centro: è lui a guidare la visione, a validare i risultati, a dare senso e direzione.

IA al lavoro

Anche le piccole imprese possono crescere grazie all'intelligenza artificiale. Chi gestisce un'attività commerciale o una startup può utilizzare strumenti per analizzare il comportamento dei clienti, automatizzare il supporto post-vendita, generare presentazioni, tenere sotto controllo la contabilità e pianificare campagne pubblicitarie. È possibile, ad esempio, creare un sistema che riconosce automaticamente richieste ricorrenti via email e risponde con messaggi personalizzati. Oppure impostare un chatbot per il sito aziendale in grado di guidare il cliente nella scelta di un prodotto, nella prenotazione di un servizio o nella risoluzione di un problema. Alcuni software permettono anche di analizzare i dati di vendita e suggerire strategie basate su trend e preferenze rilevate.

Tutto questo si traduce in una maggiore capacità di scalare, delegare, crescere. Anche un team di due persone può ottenere risultati professionali, risparmiare risorse e agire come una struttura molto più ampia.

Certo, l'automazione comporta anche delle criticità. Se da un lato si guadagna in velocità e produttività, dall'altro si rischia di perdere il controllo sui contenuti generati, soprattutto se non vengono revisionati. È fondamentale mantenere un ruolo attivo di supervisione, verifica e personalizzazione. Inoltre, affidarsi totalmente all'IA senza comprendere come funziona può creare dipendenza e limitare la capacità critica. Serve equilibrio: l'IA non deve sostituire il pensiero umano, ma ampliarne la portata.

Per capire meglio come tutto questo si traduce nella pratica, immaginiamo un caso concreto. Un artigiano digitale decide di aprire un sito di e-commerce per vendere prodotti fatti a mano. Utilizza l'IA per scrivere le descrizioni dei prodotti, generare immagini promozionali, automatizzare le risposte ai clienti, creare post per i social, tenere traccia degli ordini e analizzare i risultati delle campagne pubblicitarie. Tutte queste attività, che prima richiedevano giornate intere o il supporto di più professionisti, vengono ora gestite in parte autonomamente. Il risultato? Più tempo per creare, più controllo sul business e maggiore capacità di adattarsi ai cambiamenti del mercato.

IA per tutti i compiti

Ma l'aspetto forse più importante è un altro: l'IA non è solo uno strumento di supporto. Sta cambiando il concetto stesso di lavoro. Sta emergendo una nuova figura professionale: quella del knowledge worker potenziato dall'intelligenza artificiale. Una persona capace di combinare pensiero critico, creatività e utilizzo intelligente della tecnologia. In un mondo in cui l'informazione è abbondante ma il tempo è limitato, saper usare bene l'IA diventa una competenza trasversale, utile in qualsiasi ambito.

Il futuro del lavoro non sarà dominato dalle macchine, ma da chi saprà usarle meglio. E per farlo, non serve essere ingegneri o esperti di programmazione: basta iniziare a esplorare, sperimentare e integrare. I migliori strumenti di IA per il business non sono quelli più complessi, ma quelli che si adattano al nostro modo di pensare, ci fanno risparmiare tempo, migliorano il nostro lavoro e ci restituiscono qualcosa di molto prezioso: la libertà di concentrarci su ciò che conta davvero.

CAPITOLO 13

IA PER CREATOR – CONTENUTI, MARKETING E SOCIAL MEDIA

La creazione di contenuti è diventata un vero e proprio mestiere del nostro tempo. Influencer, blogger, youtuber, podcaster, formatori digitali, social media manager: figure nuove, spesso ibride, che trovano nella rete il loro spazio espressivo e professionale. In questo universo creativo in costante fermento, l'intelligenza artificiale si sta rivelando un alleato potente, capace di moltiplicare le idee, ridurre i tempi, aumentare l'impatto e persino migliorare la qualità complessiva della comunicazione. In questo capitolo scopriremo come i creator di ogni livello possono integrare l'IA nei loro flussi di lavoro quotidiani, ottimizzando l'intero processo: dall'ideazione alla produzione, dalla pubblicazione all'analisi.

Uno dei compiti più frequenti e impegnativi per chi crea contenuti è la scrittura. Che si tratti di post sui social, articoli per un blog, email promozionali, descrizioni di prodotti o script per video, la scrittura è l'anima di ogni progetto. Con l'IA, la fase redazionale diventa molto più fluida. Strumenti avanzati sono in grado di generare, riformulare o ottimizzare testi partendo da poche indicazioni. Basta suggerire un'idea generale, ad esempio "una caption ironica per promuovere un nuovo prodotto di bellezza", e l'algoritmo restituisce in pochi secondi diverse proposte, con tono, stile e lunghezza personalizzabili. Alcune piattaforme, pensate per il marketing, offrono anche suggerimenti in ottica SEO, generano titoli accattivanti o creano call to action persuasive.

Non si tratta solo di risparmiare tempo: l'IA può anche essere un motore creativo. Suggerisce nuovi format, stimola rubriche tematiche, crea calendari editoriali dinamici e individua tendenze da cavalcare. In questo modo, anche nei momenti di blocco creativo, il creator ha sempre una fonte di ispirazione da cui ripartire.

Generazione testo con IA

L'aspetto visivo è altrettanto importante. Nell'era dell'immagine, saper catturare l'attenzione con una foto, una copertina, un'illustrazione o una grafica può fare la differenza tra un contenuto ignorato e uno che diventa virale. L'IA consente di generare immagini originali partendo da descrizioni testuali, creare copertine professionali senza dover possedere competenze di design, modificare foto, cambiare sfondi, unire elementi grafici o ideare elementi visivi totalmente nuovi. Alcuni strumenti sono perfetti per generare thumbnail accattivanti per YouTube, copertine per podcast, caroselli per Instagram, grafiche per e-book o materiali promozionali. Il tutto con pochi clic e una qualità che è ormai paragonabile a quella di un designer esperto.

Generazione elementi grafici con IA

Nel campo dell'audio e del video, l'IA ha aperto possibilità impensabili fino a pochi anni fa. Chi realizza podcast può ora trascrivere, modificare, pulire e montare l'audio in modo intuitivo, come se stesse lavorando su un documento di testo. Le pause, gli "ehm", le ripetizioni possono essere rimosse in automatico. È possibile generare voci realistiche in più lingue, simulare accenti, variare tonalità. Alcuni software consentono di creare video partendo da un semplice testo: si sceglie uno scenario, si inserisce uno script e l'algoritmo genera un video con un avatar che parla. Questa tecnologia è particolarmente utile per tutorial, spiegazioni, corsi online o contenuti in più lingue. Con il supporto dell'IA, anche un singolo creator può produrre contenuti in formati diversi, senza costose attrezzature o team di produzione.

Generazione tutorial con IA

La fase della pubblicazione può essere altrettanto ottimizzata. Pianificare i post, adattarli alle diverse piattaforme, trovare gli hashtag giusti, scegliere l'orario migliore di pubblicazione, analizzare i risultati… sono tutte attività che richiedono tempo e competenze specifiche. Con l'IA, è possibile automatizzare gran parte di questi passaggi. Quando si parla di contenuti online, video, articoli, reel o podcast, non basta solo crearli. Bisogna anche **renderli trovabili**, e qui entra in gioco la SEO: **Search Engine Optimization**, ovvero l'ottimizzazione per i motori di ricerca. È l'insieme di tecniche e strategie che permettono a un contenuto di apparire tra i primi risultati di Google o di altri motori di ricerca. Anche se oggi la visibilità sui social è fondamentale, **la visibilità su Google resta comunque un asset cruciale per la crescita nel lungo periodo.**

Con l'arrivo dell'intelligenza artificiale, anche la SEO sta cambiando radicalmente. I motori di ricerca stanno diventando sempre più "conversazionali": non si limitano più a fornire link, ma **danno risposte dirette**, spesso generate da modelli linguistici come Gemini di Google. Questo significa che **i contenuti creati, anche quelli postati solo su Instagram, YouTube o TikTok, verranno sempre più spesso analizzati, indicizzati e restituiti come risposte**

nei risultati di ricerca. È l'era della **SEO multicanale**, dove ogni formato può concorrere per la visibilità.

Ecco perché diventa fondamentale creare contenuti **ottimizzati sin dall'inizio**, sia per i social sia per i motori di ricerca. Inserire **parole chiave rilevanti,** scegliere **titoli efficaci**, utilizzare **hashtag strategici**, scrivere **caption che descrivono il contenuto in modo chiaro**: tutto questo influisce direttamente su quanto un contenuto verrà mostrato, consigliato e trovato.

In pratica, la SEO non è più solo una disciplina tecnica per blogger o addetti ai lavori: è una **competenza essenziale per chiunque comunichi online**. In questo ambito, gli strumenti di intelligenza artificiale possono diventare preziosi alleati: suggeriscono keyword, analizzano l'intento di ricerca, ottimizzano la leggibilità dei testi e persino prevedono l'efficacia di un titolo o di una anteprima.

Nel futuro prossimo, **i contenuti che non saranno ottimizzati per la SEO rischieranno di essere invisibili**. E se l'obiettivo è farsi trovare, da un nuovo pubblico, da un cliente, da un datore di lavoro o da un algoritmo, allora comprendere e usare la SEO è non solo utile, ma imprescindibile.

SEO e METADATI

Alcuni strumenti permettono di programmare i contenuti su più canali, analizzare l'engagement, suggerire modifiche o creare nuove versioni di un post per adattarlo a Instagram, LinkedIn, TikTok o Facebook. In questo modo, il creator può concentrarsi sulla strategia e sulla community, invece che sulla parte operativa.

Quando si parla di piattaforme social, spesso si dimentica che anche **WhatsApp** è uno degli strumenti più utilizzati dai creator, dai brand e dai professionisti per comunicare con il proprio pubblico. La sua versione **Business**, ad esempio, consente di creare **risposte automatiche, etichettare i contatti, programmare messaggi** e persino **integrare chatbot basati su intelligenza artificiale** per offrire supporto o automatizzare la promozione.

È importante però chiarire un punto spesso frainteso: **WhatsApp non legge i contenuti delle conversazioni**, poiché sono **protette da crittografia end-to-end**. Tuttavia, l'applicazione **raccoglie e analizza i metadati,** ovvero le **informazioni esterne alla conversazione** come:

- l'orario di scrittura
- il dispositivo utilizzato
- la frequenza dei messaggi
- la durata delle chiamate
- la posizione, se condivisa,
- con chi si comunica più spesso.

Questi dati, pur non rivelando il contenuto esplicito della chat, **sono estremamente preziosi** per tracciare abitudini, interessi e comportamenti degli utenti. E in un contesto dominato dagli algoritmi, i metadati sono una forma di **valuta invisibile**, utilizzata per personalizzare esperienze, pubblicità e servizi.

In un futuro sempre più connesso, la capacità di comprendere **anche l'impatto dei metadati** diventerà centrale per chi crea contenuti e strategie digitali. Con l'IA, queste informazioni possono essere analizzate per migliorare la relazione con il pubblico, ottimizzare il tono e i tempi di comunicazione, e persino anticipare le esigenze dei clienti.

Metadati

L'analisi dei risultati è una fase spesso trascurata, ma fondamentale per crescere in modo consapevole. Le piattaforme più avanzate integrano strumenti di intelligenza artificiale per monitorare le metriche, individuare i trend, prevedere le performance future e proporre azioni correttive. È possibile sapere quali contenuti stanno funzionando meglio, quali orari generano più interazioni, quali format hanno maggiore potenziale. Alcune soluzioni analizzano anche il sentiment dei commenti, aiutando a capire come viene percepito il brand o il messaggio. Questo consente di adattare la comunicazione in tempo reale, migliorare il tono di voce e costruire una relazione più autentica con il pubblico.

Analytics con IA

Vale la pena soffermarsi su un aspetto: l'intelligenza artificiale non sostituisce la creatività umana. Non inventa visioni, non comprende il contesto culturale in profondità, non percepisce le emozioni. Ma è in grado di amplificare, velocizzare e supportare l'azione creativa. È uno strumento, non un autore; e come ogni strumento, dà il meglio quando viene guidato da un'intenzione chiara, un'identità forte e da un messaggio autentico.

Nel prossimo futuro, l'IA diventerà sempre più integrata nei processi creativi. Vedremo strumenti in grado di produrre contenuti multi-piattaforma, generare format originali in automatico e adattare una stessa idea a pubblici diversi in pochi secondi. Per i creator, questo rappresenta un'opportunità senza precedenti. Non si tratta solo di lavorare meglio o più velocemente, ma di liberare tempo ed energia per ciò che conta davvero: costruire relazioni, condividere valore, coltivare visioni. L'IA non è una minaccia alla creatività, ma un alleato. E, oggi più che mai, è lo strumento che può trasformare un'idea in un progetto, un progetto in una professione, una professione in una community.

CAPITOLO 14

POTENZIARE LA PRODUTTIVITÀ CON L'IA

Viviamo in un'epoca dove la velocità, l'adattabilità e la capacità di concentrazione sono diventati fattori determinanti per lavorare e vivere con efficacia. In questo contesto, l'intelligenza artificiale si sta imponendo come uno degli strumenti più utili per ottimizzare la gestione del tempo, semplificare compiti complessi, alleggerire il carico mentale e, soprattutto, aiutarci a focalizzarci su ciò che conta davvero. In questo capitolo esploriamo come l'IA può essere sfruttata per aumentare la produttività personale e professionale in maniera concreta, sostenibile e intelligente.

Uno degli aspetti più immediati è l'automazione delle attività ripetitive. Molti lavori quotidiani, anche se piccoli, sottraggono energie preziose: controllare la posta elettronica, archiviare file, aggiornare fogli di calcolo, rispondere a messaggi standard, gestire promemoria... queste sono tutte azioni che, sommate, consumano ore ogni settimana. Grazie all'IA, è possibile automatizzarle, collegando più applicazioni tra loro e creando flussi automatici che fanno risparmiare tempo e ridurre gli errori. Pensiamo a piattaforme come Zapier, Make o IFTTT, che permettono di far dialogare tra loro programmi diversi: ad esempio, una mail con allegato può essere salvata automaticamente sul cloud e segnalata su Slack, oppure una riga aggiunta in un file Excel può trasformarsi subito in un'attività in calendario. Strumenti più avanzati come Bardeen arrivano persino a suggerire automazioni in base al nostro comportamento nel browser, creando così un ecosistema digitale che si adatta alle nostre abitudini e ci libera la mente da incombenze ripetitive e riduce il rischio di dimenticanze o errori umani.

Automazione attività ripetitive

Tuttavia, la produttività non si riduce a una questione di efficienza meccanica: è anche la capacità di gestire il tempo secondo le proprie energie e priorità. In questo campo, l'IA diventa una sorta di regista invisibile che osserva il calendario e costruisce una pianificazione intelligente, inserendo slot per il lavoro profondo, pause rigenerative, compiti ricorrenti e attività prioritarie. App come Reclaim.ai, Motion o Clockwise non si limitano a riempire l'agenda: riorganizzano la giornata in tempo reale quando compaiono imprevisti, costruendo una routine flessibile che rispetta i nostri ritmi naturali e riduce la sensazione di essere sopraffatti dagli impegni.

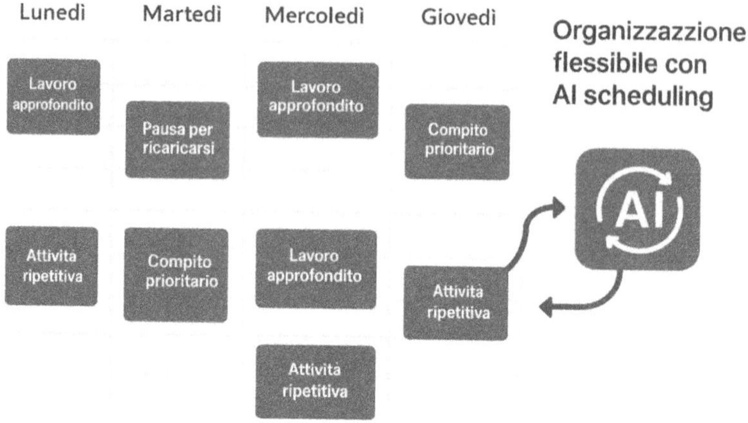

Organizzazione giornata con AI

Un altro ambito chiave è la gestione delle informazioni, che troppo spesso rimane frammentata. Prendere appunti, scrivere to-do list, raccogliere idee o creare mappe concettuali sono attività fondamentali ma spesso poco organizzate. L'IA consente di unificarle in flussi coerenti: Notion AI, ad esempio, trasforma appunti grezzi in testi strutturati, propone riassunti automatici e collega documenti tra loro. Allo stesso modo strumenti come Mem AI o Obsidian, con plugin dedicati, sono in grado di costruire connessioni semantiche tra le note, suggerendo collegamenti logici e vere e proprie mappe mentali dinamiche. Non si tratta solo di organizzare meglio: significa anche pensare con più chiarezza, valorizzando ogni intuizione che altrimenti rischierebbe di perdersi.

La concentrazione, d'altra parte, è spesso il vero ostacolo alla produttività. In un mondo dominato da notifiche, interruzioni e distrazioni digitali, l'IA diventa un alleato silenzioso che ci aiuta a proteggere il nostro focus. Alcuni strumenti come RescueTime monitorano le attività svolte al computer e avvisano quando stiamo perdendo troppo tempo troppo spesso; altri, come Forest o Focus *Booster*, applicano tecniche come il metodo Pomodoro per suddividere il lavoro in sessioni brevi e intense intervallate da pause rigenerative. C'è poi chi lavora sul piano sensoriale: Brain.fm, ad esempio, genera in tempo reale musica progettata per stimolare lo stato mentale ideale, che sia concentrazione, rilassamento, creatività o sonno. Il risultato è un supporto invisibile ma costante, che ci accompagna durante la giornata e rende più semplice rimanere focalizzati su ciò che conta davvero.

Routine con IA

La scrittura è un altro ambito dove la produttività può fare un salto di qualità. Oggi l'IA si integra nei software più diffusi, da Word a Google Docs, fino agli strumenti di project management, accelerando la creazione di documenti, report, email e proposte commerciali. I co-pilot integrati suggeriscono paragrafi coerenti, verificano la grammatica, propongono alternative stilistiche e sintetizzano blocchi di testo. In ambito aziendale, strumenti come Notta.ai registrano le riunioni, le trascrivono e generano un verbale automatico con i punti salienti, trasformando un'ora di meeting in una pagina chiara e condivisibile senza bisogno di riascolti o riscritture manuali.

Tutto questo non elimina la scrittura, ma la alleggerisce, permettendoci di concentrare tempo ed energie sulla parte strategica e creativa.

Infine, non bisogna dimenticare che la produttività non deve trasformarsi in un'ossessione. Non significa fare sempre di più, ma fare meglio ciò che conta. Alcuni strumenti basati sull'intelligenza artificiale adottano un approccio olistico: analizzano i livelli di stress, la qualità del sonno e il ritmo circadiano, proponendo momenti di decompressione e attività rigeneranti. In questo modo l'IA non ci spinge a correre senza sosta, ma ci ricorda quando rallentare, aiutandoci a mantenere un equilibrio tra efficienza e benessere.

In sintesi, usare l'IA per aumentare la produttività non significa trasformarsi in automi instancabili, ma recuperare lucidità, concentrazione e tempo. Significa dare struttura alle idee, ordine alle attività e senso alle giornate. È un percorso da calibrare sulle proprie esigenze, i propri obiettivi e il proprio stile di lavoro, e rappresenta un'opportunità concreta, accessibile e già pronta per chiunque voglia fare di più facendo meno fatica.

Nel prossimo capitolo esploreremo un altro ambito cruciale dove l'IA sta mostrando tutto il suo potenziale: lo studio. Perché imparare non è più solo una questione di memoria o metodo, ma di strumenti intelligenti che ci aiutano a capire meglio, ricordare di più e crescere con maggiore consapevolezza.

CAPITOLO 15

L'IA NELLO STUDIO – STUDIARE MEGLIO, NON DI PIU'

Studiare non è solo una questione di quantità, ma soprattutto di qualità. Imparare significa comprendere, ricordare, applicare, e talvolta persino mettere in discussione ciò che si crede di sapere. In questo contesto, l'intelligenza artificiale non sostituisce l'impegno o la curiosità, ma li potenzia. Offre strumenti che aiutano a personalizzare l'apprendimento, gestire le informazioni in modo più efficace e trasformare lo studio in un'esperienza più mirata, motivante e sostenibile.

Uno dei principali punti di forza dell'IA nello studio è la capacità di adattarsi allo stile di apprendimento dell'utente. Che si tratti di uno studente visivo, uditivo o cinestetico, l'IA può fornire contenuti adatti al modo in cui la mente elabora meglio le informazioni. Alcune piattaforme sono in grado di analizzare le risposte e le interazioni dello studente per proporre formati di apprendimento più efficaci: video brevi per chi ha bisogno di visualizzare, esercizi pratici per chi apprende facendo, o spiegazioni audio per chi memorizza ascoltando. Questa forma di apprendimento adattivo migliora la motivazione, riduce la frustrazione e accelera i risultati.

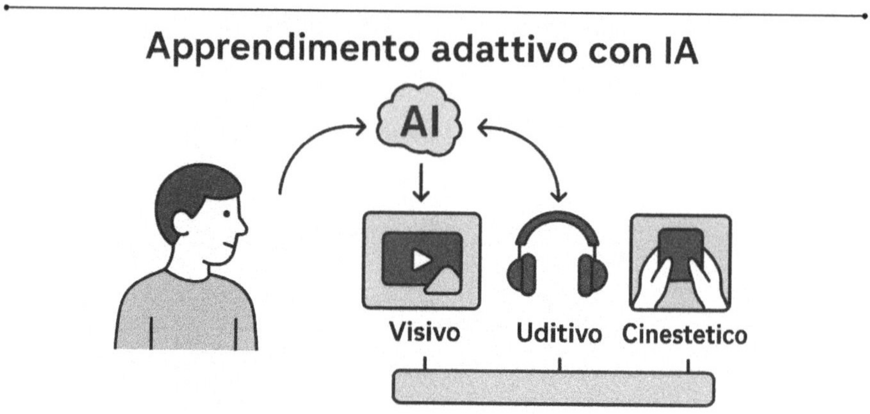

Apprendimento adattivo con IA

Strumenti come ChatGPT, in modalità scolastica, possono rispondere a domande complesse, proporre esempi, risolvere esercizi e creare quiz. Khanmigo, integrato in Khan Academy, simula il comportamento di un tutor esperto che dialoga con lo studente, lo guida nel ragionamento e lo aiuta a superare i blocchi cognitivi. Socratic, sviluppato da Google, consente di fotografare un esercizio e ricevere spiegazioni dettagliate, corredate da immagini, fonti e video. L'IA non si limita a fornire risposte: costruisce un contesto, crea connessioni, accompagna nella scoperta.

Quando si tratta di affrontare un esame, uno dei principali ostacoli è l'organizzazione del tempo e dei contenuti. L'IA può fungere da assistente nello sviluppo di un piano di studio personalizzato: suggerisce cosa studiare, quanto tempo dedicare a ciascun argomento e in quale ordine affrontarli. Alcune app integrano promemoria intelligenti e notifiche adattive per aiutare a mantenere la costanza. Quando una giornata viene saltata, il sistema ricalcola automaticamente la distribuzione degli argomenti per evitare accumuli o stress. La tecnologia diventa così una guida flessibile e non giudicante, capace di motivare anziché mettere pressione.

IA nell'istruzione

Sintetizzare grandi quantità di informazioni è spesso la parte più faticosa dello studio. L'intelligenza artificiale può alleggerire questo carico, trasformando capitoli lunghi, articoli o paper scientifici in materiali più comprensibili e strutturati. Alcuni strumenti sono particolarmente utili in questo senso. Notion AI, ad esempio, non si limita a ridurre un testo, ma lavora per estrapolare i concetti più rilevanti e ripresentarli in maniera ordinata, così da fornire un vero e proprio schema pronto per il ripasso. Mindgrasp e Scholarcy vanno oltre: prendono testi complessi, spesso densi di terminologia specialistica, e li rielaborano in mappe concettuali, glossari tematici e persino domande di autovalutazione, che aiutano lo studente a verificare quanto ha davvero compreso. Anche Quizlet, grazie all'integrazione con l'IA, si rivela prezioso perché permette di generare automaticamente flashcard e quiz interattivi a partire da qualsiasi documento caricato, offrendo uno strumento pratico per consolidare la memoria attraverso la ripetizione attiva.

Infine, Miro AI adotta un approccio visuale, creando mappe grafiche che collegano i concetti tra loro e facilitano così la memorizzazione e la capacità di costruire connessioni logiche. Utilizzati insieme o singolarmente, questi strumenti offrono un supporto prezioso, trasformando lo studio da attività dispersiva e faticosa a un percorso più strutturato, mirato e stimolante.

Strumenti AI per lo Studio e l'Apprendimento

Strumento	Funzione per lo Studio	Ideale per...	Vantaggio chiave
Quizlet AI	Creazione automatica di flashcard e quiz	Studenti di ogni livello	Ripassi interattivi e adattivi
Notion AI	Riassunti, organizzazione contenuti	Universitari, ricercatori	Tutto in un'unica piattfoɹmà
Perplexity.ai	Risposte documentate e spiegazioni chiare	Studenti liceali e universitari	Fonti affidabili integrate
Mindgrasp	Riassunto video/audio/testo + domande	Studenti visivi e uditivi	Assortlmento rapido di contenuti
ChatGPT	Spiegazioni, ripassi, simulazioni d'esame	Tutti gli studenti	Versatilità e accessibilità gratuita

Strumenti IA per lo studio

L'apprendimento linguistico è uno dei campi in cui l'intelligenza artificiale sta dimostrando il suo potenziale in modo più evidente. Oggi non ci si limita più a studiare regole grammaticali o a ripetere esercizi meccanici: grazie a strumenti basati sull'IA è possibile immergersi in esperienze dinamiche e interattive, che si adattano al livello e al ritmo dello studente. Duolingo Max, ad esempio, offre la possibilità di partecipare a simulazioni di dialogo sempre più realistiche, fornendo feedback immediati e spiegazioni grammaticali puntuali che aiutano a capire dove si sta sbagliando e come migliorare. Un approccio simile, ma ancora più flessibile, è quello reso possibile da ChatGPT: conversazioni simulate su qualsiasi tema, traduzioni di testi complessi, analisi degli errori e proposte di correzione personalizzate trasformano l'IA in un compagno di studio disponibile in ogni momento. Per chi vuole lavorare sulla pronuncia, ELSA Speak sfrutta algoritmi sofisticati capaci di analizzare ogni inflessione della voce e suggerire correzioni mirate, così da avvicinare gradualmente l'accento a quello di un parlante nativo. Infine, strumenti come Language Reactor portano l'apprendimento in un contesto ancora più naturale: guardando un video su YouTube, è possibile seguire i sottotitoli interattivi, ascoltare e leggere simultaneamente, arricchendo il vocabolario in modo spontaneo. Tutto ciò trasforma lo studio delle lingue in un percorso continuo, coinvolgente e personalizzato, dove l'IA diventa non solo un supporto, ma un acceleratore reale della crescita linguistica.

Studente che impara le lingue con l'IA

L'intelligenza artificiale ha un impatto concreto anche nella gestione del sovraccarico informativo, una delle sfide più comuni per chi studia oggi. Lo studente moderno si trova infatti immerso in una mole crescente di contenuti: libri, appunti presi velocemente a lezione, video tutorial, slide di corsi online, podcast da ascoltare nel tempo libero e molto atro. Questa abbondanza di fonti, se da un lato arricchisce le possibilità di apprendimento, dall'altro rischia di diventare dispersiva e difficile da gestire. In questo contesto, l'IA interviene creando sistemi capaci di dare ordine e continuità.

Piattaforme come Obsidian, ad esempio, grazie a plugin basati su intelligenza artificiale, permettono di costruire quello che viene spesso definito un "secondo cervello digitale": un archivio dinamico, dove ogni appunto è collegato agli altri in una rete di connessioni logiche e dove le informazioni possono essere recuperate con estrema facilità. Per chi preferisce lavorare con l'audio, strumenti come AudioPen e Notta convertono le registrazioni vocali in testi sintetici, ben organizzati e già indicizzati, pronti per essere archiviati o riutilizzati. Il risultato finale è un sistema di studio più fluido e ordinato, capace di ridurre lo stress e di adattarsi alle esigenze personali di ciascuno, trasformando il caos informativo in un patrimonio di conoscenze strutturato e facilmente accessibile.

Un altro aspetto fondamentale è l'accessibilità. L'IA può rappresentare un'enorme opportunità per studenti con difficoltà di apprendimento o bisogni educativi speciali. Chi soffre di dislessia può usufruire di lettori vocali intelligenti. Chi ha disturbi dell'attenzione può ricevere piani di studio con pause calibrate e notifiche mirate. Gli studenti non madrelingua possono beneficiare di traduzioni adattate al contesto e di spiegazioni semplificate. Questo favorisce l'inclusione e consente a ciascuno di apprendere secondo le proprie possibilità.

Infine, l'IA è uno strumento potente anche per chi si dedica alla formazione continua. Manager, professionisti, artigiani, educatori: tutti possono aggiornare le proprie competenze grazie a microcorsi supportati da intelligenza artificiale. Alcune aziende stanno già adottando sistemi formativi IA-driven che adattano i contenuti in tempo reale in base ai progressi dell'utente. L'apprendimento non è più lineare, ma modulare, distribuito nel tempo e personalizzato. Il lifelong learning, cioè l'apprendimento permanente, diventa una realtà concreta e accessibile.

L'intelligenza artificiale non studia al posto tuo. Ma ti aiuta a farlo meglio. Semplifica la raccolta delle informazioni, ne facilita l'organizzazione, stimola la comprensione e accelera la memorizzazione. È un tutor paziente e sempre disponibile, capace di adattarsi ai tuoi ritmi, ai tuoi obiettivi e alle tue fragilità. E forse il suo dono più grande è proprio questo: trasformare lo studio in un'esperienza meno solitaria, più consapevole e più efficace. Nei prossimi capitoli vedremo come stesse tecnologie possono sostenere anche un altro aspetto fondamentale della vita: la crescita personale e il benessere emotivo, elementi sempre più centrali nel nostro equilibrio quotidiano.

CAPITOLO 16

CRESCITA PERSONALE CON L'IA

L'intelligenza artificiale non è solo una tecnologia al servizio del lavoro o dello studio. Può essere anche uno strumento profondo, trasformativo, per migliorare la qualità della nostra vita interiore. In un mondo che corre veloce, dove è facile sentirsi sopraffatti, distratti o disorientati, l'IA può diventare un supporto silenzioso, ma potente, per la crescita personale, la consapevolezza emotiva, il benessere psicofisico e la costruzione di nuove abitudini. In questo capitolo esploriamo come l'intelligenza artificiale può affiancarci in uno dei viaggi più importanti: quello verso la versione migliore di noi stessi.

Scrivere un diario è una delle pratiche più antiche e semplici per conoscersi. Oggi, questa pratica può essere potenziata dall'IA. App evolute propongono domande mirate, analizzano l'andamento dell'umore, suggeriscono esercizi mentali e creano spazi sicuri di riflessione. Alcuni strumenti interattivi permettono di ricevere un feedback empatico, riformulare pensieri ricorrenti ed evidenziare schemi comportamentali che altrimenti passerebbero inosservati. In questo modo il diario non è più solo un contenitore, ma si trasforma in un vero specchio digitale che ci aiuta a comprendere meglio le nostre emozioni, i nostri obiettivi e le nostre fragilità. Scrivere diventa un esercizio di consapevolezza assistita.

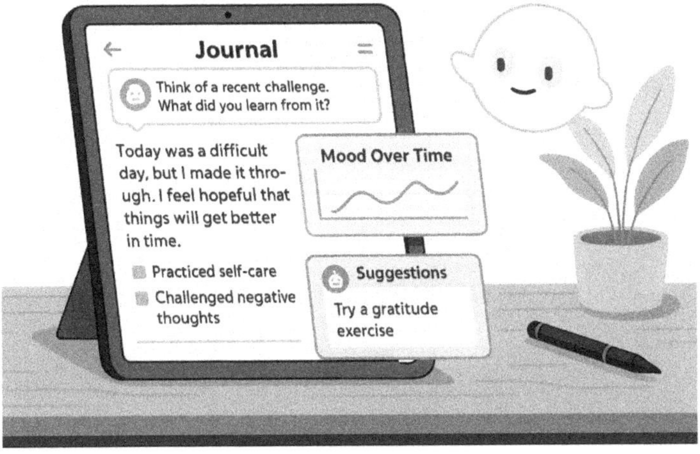

L'IA si adatta al nostro umore e programmi

La salute mentale è un ambito sempre più centrale nel benessere personale. L'IA può offrire un primo livello di supporto accessibile e personalizzato, soprattutto nei momenti di stress, ansia o sovraccarico emotivo. Alcune app integrano tecniche di terapia cognitivo-comportamentale, propongono dialoghi guidati, visualizzazioni, pratiche di gratitudine e meditazioni personalizzate. Gli assistenti digitali più evoluti riescono a modulare il tono della conversazione, comprendere lo stato emotivo e offrire contenuti in linea con il momento vissuto. Non si tratta di sostituire il lavoro di un terapeuta, ma di integrare una routine di cura quotidiana, discreta e adattabile.

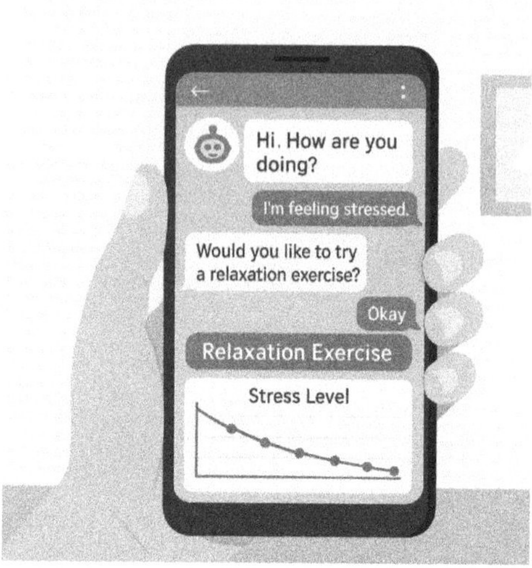

IA sul cellulare, tascabile

La motivazione è un altro campo dove l'IA può essere un valido supporto. Alcuni strumenti si comportano come veri e propri coach digitali, aiutandoci a fissare obiettivi chiari, monitorare i progressi e superare i momenti di stallo. Possono proporre micro-azioni quotidiane, esercizi di visualizzazione, riflessioni strategiche per stimolare la fiducia e la determinazione. Alcune app analizzano le risposte, rilevano cali di motivazione e suggeriscono aggiustamenti nel piano di crescita. L'approccio diventa così personalizzato, dinamico e realistico: non più un ideale astratto, ma un percorso graduale e sostenibile.

Creare e mantenere buone abitudini è una delle sfide più comuni nella crescita personale. Smettere di rimandare, mangiare meglio, dormire di più, leggere ogni giorno, fare movimento... sono tutti obiettivi semplici da enunciare, ma difficili da mantenere nel tempo. L'IA può aiutare a costruire abitudini nuove attraverso il rinforzo positivo, la gamification, i promemoria personalizzati e la visualizzazione dei risultati. Alcuni strumenti trasformano ogni progresso in una piccola vittoria, creano catene di successo visive e propongono piani giornalieri adattivi. Il segreto non è la forza di volontà assoluta, ma la continuità guidata.

IA che aiuta nella crescita personale

Anche il benessere fisico può essere supportato dall'intelligenza artificiale. Dispositivi indossabili, integrati con algoritmi avanzati, monitorano parametri come la qualità del sonno, i livelli di stress, la frequenza cardiaca e l'energia disponibile. In base ai dati raccolti, vengono forniti consigli personalizzati: quando allenarsi, quando riposare, cosa mangiare, come respirare. Alcuni strumenti, pensati per gli sportivi o per chi vuole semplicemente mantenersi in forma, si adattano al livello di partenza e costruiscono percorsi realistici e stimolanti. Il corpo, come la mente, ha bisogno di attenzione costante, e l'IA può offrire un supporto calibrato e non invasivo.

IA che aiuta nel benessere fisico

Ma c'è un'altra dimensione, più sottile, dove l'IA può fare la differenza: quella dell'identità e del significato. Alcuni strumenti, attraverso il dialogo, aiutano a chiarire i propri valori, a esplorare la visione del futuro e a riconnettersi con ciò che davvero conta. Non si tratta solo di performance o produttività, ma di riscoprire la direzione profonda della propria vita. L'IA non offre risposte definitive, ma può porre domande potenti, stimolare introspezione, proporre nuove prospettive.

Naturalmente, tutto questo richiede consapevolezza. L'intelligenza artificiale non è neutra: riflette le logiche con cui è stata costruita. È importante scegliere strumenti affidabili, costruiti con criteri etici, trasparenti e rispettosi della privacy. È fondamentale mantenere il controllo e ricordarsi che l'IA fornisce un supporto, non una guida assoluta. La crescita personale, per quanto possa essere accompagnata dalla tecnologia, resta un cammino umano, fatto di dubbi, tentativi, errori e scoperte.

Eppure, mai come oggi, abbiamo la possibilità di essere affiancati da strumenti che ci aiutano a osservare meglio, a pensare in modo più lucido e a vivere con maggiore intenzionalità. L'IA non rende il cammino più facile, ma può renderlo più chiaro. Non ci cambia da sola, ma può aiutarci a cambiare.

Con questo capitolo si conclude la Parte 3 del nostro viaggio. Abbiamo visto come l'intelligenza artificiale, se utilizzata con saggezza e consapevolezza, può essere una vera e propria cassetta degli attrezzi per la vita quotidiana: per lavorare meglio, per studiare con più efficacia, per creare con più libertà e per crescere come esseri umani. Nella Parte 4, ci prepariamo a esplorare il futuro: quello che ci attende, che possiamo immaginare e, forse, anche contribuire a costruire.

Parte 4

Etica, rischi e fattore umano

CAPITOLO 17

L'ETICA DELL'IA: COSA DOVREMMO PERMETTERE ALLE MACCHINE

L'intelligenza artificiale è oggi uno degli strumenti più potenti e influenti della nostra epoca. Con la capacità di apprendere, analizzare, generare contenuti e prendere decisioni, sta progressivamente assumendo ruoli che fino a pochi anni fa erano riservati all'essere umano. Non si tratta più di una questione tecnica o scientifica. Oggi parlare di intelligenza artificiale significa parlare di società, di libertà, di potere e di giustizia. E soprattutto, significa parlare di etica.

Non è sufficiente che una tecnologia funzioni; è essenziale che funzioni nel rispetto dei valori umani fondamentali. In un mondo dove un algoritmo può decidere chi vede un annuncio politico, chi ottiene un prestito, chi viene segnalato da un sistema di sorveglianza come "anormale", ci troviamo di fronte a una domanda imprescindibile: cosa vogliamo che le macchine possano fare? E soprattutto, cosa non dovrebbero mai fare? L'etica dell'IA non è un elenco di divieti, ma un esercizio continuo di consapevolezza.

È il tentativo di anticipare le conseguenze delle decisioni automatizzate prima che diventino strutture permanenti nella nostra vita. Perché gli algoritmi, una volta adottati, tendono a diventare invisibili. Agiscono sotto la superficie, silenziosamente, e proprio per questo rischiano di sfuggire al controllo critico. Quando l'intelligenza artificiale filtra i curriculum per un'azienda, assegna priorità in un pronto soccorso, valuta la probabilità che una persona commetta un crimine o decide a chi mostrare una notizia, sta esercitando un potere reale. Ma nessuna macchina nasce neutrale. Ogni algoritmo è il riflesso delle scelte di chi lo ha progettato, dei dati su cui è stato addestrato e delle priorità che gli sono state assegnate. Ecco perché l'etica non può essere una riflessione successiva: deve accompagnare ogni fase dello sviluppo di un'intelligenza artificiale, dalla progettazione all'implementazione, dalla valutazione all'uso pubblico.

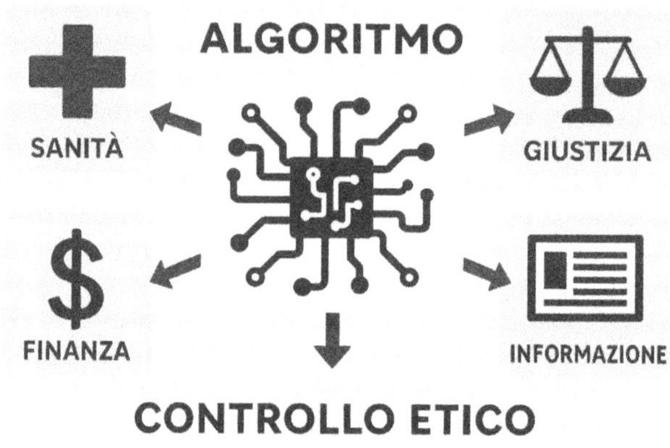

Un algoritmo per ogni settore

Uno dei nodi più urgenti è quello della responsabilità. Se un sistema di guida autonoma provoca un incidente mortale, chi è responsabile? Il produttore dell'auto? Il programmatore dell'algoritmo? Il proprietario del veicolo? O la macchina stessa? Domande che fino a poco tempo fa appartenevano alla fantascienza oggi sono oggetto di cause legali, dibattiti istituzionali, tavoli di lavoro tra governi e aziende tecnologiche. La verità è che l'IA sfuma i confini della responsabilità individuale. La complessità degli algoritmi rende difficile attribuire la colpa a una sola entità. Eppure, senza un quadro chiaro di accountability, rischiamo di trovarci in un mondo dove nessuno paga per le decisioni sbagliate, dove gli errori diventano "colpe di nessuno", e dove i danni restano a carico delle vittime.

Responsabilità etica

Un altro aspetto centrale riguarda i bias. Ogni sistema di intelligenza artificiale impara dai dati, e i dati, nella stragrande maggioranza dei casi, riflettono una realtà storicamente ingiusta. Se un algoritmo di selezione del personale ha come modello decisionale le scelte del passato, sarà inevitabilmente influenzato dalle discriminazioni di genere, di etnia, di età, già presenti nei processi decisionali umani. Il problema non è l'algoritmo in sé, ma l'idea che esso possa essere "più oggettivo" dell'essere umano. Spesso, invece, è proprio l'automazione a rendere invisibili le disuguaglianze, trasformandole in regole fisse, in meccanismi silenziosi difficili da contestare.

Come l'IA affronta le disuguaglianze

Un errore umano può essere discusso. Un errore algoritmico, soprattutto se non è spiegabile, rischia di passare inosservato. Ed è per questo che la trasparenza è un valore fondamentale. Non possiamo accettare che un sistema decida per noi senza sapere come ha elaborato quella decisione. Da qui nasce l'esigenza dell'IA spiegabile, o XAI (explainable artificial intelligence). Non è sufficiente che un algoritmo sia efficace: deve anche essere comprensibile. Gli utenti devono sapere su quali criteri si è basato, quali variabili ha considerato e quali dati ha escluso. La comprensione è il primo passo verso il controllo, e il controllo è la base di ogni democrazia tecnologica. Senza strumenti per interrogare le macchine, per verificare il loro funzionamento, per contestare le decisioni automatizzate, l'essere umano si ritrova in una posizione di subordinazione. E questo è inaccettabile.

Bias nei sistemi di IA

L'intelligenza artificiale deve essere uno strumento al nostro servizio, non un potere opaco a cui siamo costretti a sottometterci. Ma il discorso etico non si ferma qui. Esiste un'area ancora più delicata: quella della simulazione delle emozioni. Le nuove IA generative sono sempre più capaci di replicare la voce umana, di creare immagini realistiche, di sostenere conversazioni apparentemente empatiche. Quando parliamo con un chatbot che ci risponde in modo affettuoso, con tono rassicurante, ci dimentichiamo facilmente che non c'è nessuna coscienza dietro quelle parole. Il nostro cervello reagisce comunque. Si attiva emotivamente, prova fiducia e simpatia, talvolta persino affetto.

Questo apre un nuovo fronte etico: fino a che punto è giusto progettare macchine che simulano emozioni umane? E ancora più radicalmente: fino a che punto è giusto che ci affezioniamo a esse? Molti sostengono che se la simulazione è utile, ad esempio per fornire supporto psicologico, compagnia a persone sole, stimoli cognitivi agli anziani, allora il fine giustifica i mezzi. Altri, invece, vedono un rischio enorme nella progressiva confusione tra emozione vera e simulata. Se accettiamo che un assistente virtuale ci conforti come farebbe una persona reale, allora come ci possiamo rispecchiare in un mondo dove i rapporti autentici diventano opzionali? La manipolazione emotiva da parte delle macchine non è un'ipotesi astratta: è già presente nei sistemi di marketing predittivo, nei social media e nei videogiochi.

Le IA sanno cosa ci piace, sanno come farci restare più tempo connessi e sanno come indurci a cliccare. E lo fanno senza etica. Perché non provano emozioni, né rimorsi. Per questo, è necessario che l'etica non sia affidata alle macchine, ma a chi le progetta, le utilizza e le governa. Un ulteriore livello di complessità riguarda il potere. Oggi i sistemi di intelligenza artificiale più avanzati sono nelle mani di poche aziende globali. Le big tech controllano non solo le tecnologie, ma anche i dati, le infrastrutture e spesso anche le narrative. Questo squilibrio crea una dinamica asimmetrica tra chi sviluppa e chi subisce. Se l'IA diventa un sistema globale ma controllato da pochi, il rischio non è solo economico, ma democratico.

L'etica dell'IA deve quindi includere anche una riflessione sulla governance. Chi stabilisce le regole? Chi ha accesso ai dati? Chi verifica gli algoritmi? Le istituzioni pubbliche devono avere gli strumenti per garantire che l'IA sia al servizio del bene comune. E questo richiede non solo leggi, ma anche competenze. Una società che vuole essere protagonista della rivoluzione tecnologica non può limitarsi a consumare IA: deve comprenderla, discuterla, orientarla. L'uso eccessivo dell'IA, soprattutto quella generativa, solleva anche interrogativi sulla dipendenza cognitiva. Affidarci sistematicamente alla macchina per ogni scelta, dalla più banale alla più complessa, può rendere il nostro pensiero pigro, meno autonomo e meno critico.

Rischiamo di sviluppare una forma sottile di atrofia decisionale, in cui l'algoritmo diventa la nostra coscienza, la nostra agenda, la nostra voce interiore. L'IA, se non usata con consapevolezza, può diventare una droga cognitiva: ci semplifica la vita, ma ci priva dello sforzo necessario per crescere, sbagliare e imparare. La sfida etica è mantenere l'umanità del processo decisionale, anche quando la macchina potrebbe fare meglio, più velocemente e con meno fatica. Un altro aspetto poco discusso ma cruciale riguarda la distribuzione diseguale dell'accesso all'IA. Le tecnologie più avanzate sono spesso disponibili solo per chi ha risorse economiche, alfabetizzazione digitale e connessioni potenti. Ciò crea una nuova forma di disuguaglianza tra chi può potenziare le proprie capacità con l'IA e chi resta indietro, escluso o ignorato.

Se non affrontato, questo divario rischia di trasformarsi in una frattura sociale irreparabile. L'etica dell'IA deve includere anche il principio di inclusività: l'intelligenza artificiale non può essere un privilegio di pochi, ma un'opportunità condivisa. Infine, emerge una questione profondamente filosofica legata all'identità. Alcuni sistemi IA oggi possono creare "gemelli digitali": repliche vocali, testuali o comportamentali di persone reali. Ma è lecito, ad esempio, ricreare la voce di un defunto per un messaggio postumo? O imitare il modo di parlare di un personaggio pubblico per fini commerciali? Quando la simulazione diventa indistinguibile dall'originale, rischiamo di manipolare la memoria, il lutto e l'autenticità.

Chi possiede la nostra identità digitale? E chi ha il diritto di usarla dopo la nostra morte? In un mondo in cui tutto è replicabile, l'etica deve riaffermare il valore dell'unicità e della dignità. Tutte queste riflessioni convergono verso un punto essenziale: l'etica dell'IA non è un freno allo sviluppo. È una bussola. Serve per orientare la direzione del cambiamento, per evitare che la velocità diventi cieca, per proteggere ciò che ci rende umani. Non basta sapere cosa possiamo fare con l'intelligenza artificiale. Dobbiamo chiederci cosa vogliamo fare. E soprattutto: cosa siamo disposti a non fare. La tecnologia più avanzata del mondo è inutile se non vieni guidata da principi solidi, condivisi e soprattutto umani. Il futuro non dipenderà solo dalla potenza dei nostri algoritmi, ma dalla saggezza delle nostre scelte.

CAPITOLO 18

RIMANERE AL SICURO IN UN MONDO DI DEEPFAKE E FURTI DI DATI

Viviamo in un'epoca in cui l'intelligenza artificiale non è solo uno strumento utile e affascinante, ma anche un'arma potenzialmente pericolosa nelle mani sbagliate. Se da un lato ci aiuta a semplificare la vita, dall'altro sta alimentando un ecosistema digitale sempre più difficile da controllare. La diffusione di tecnologie come i deepfake, i furti d'identità, la profilazione algoritmica e le truffe automatizzate basate su intelligenza artificiale sta ridefinendo il concetto stesso di sicurezza.

Oggi non basta più avere un antivirus aggiornato o evitare i link sospetti: bisogna imparare a vivere in un mondo in cui la realtà può essere manipolata con tale precisione da sembrare autentica, dove la voce di un parente può essere clonata per ingannarci, dove i nostri dati personali circolano in sistemi opachi che non sappiamo nemmeno di aver autorizzato. È un mondo in cui il rischio non è più solo tecnico, ma psicologico, relazionale, identitario. Il fenomeno dei deepfake rappresenta uno dei fronti più preoccupanti.

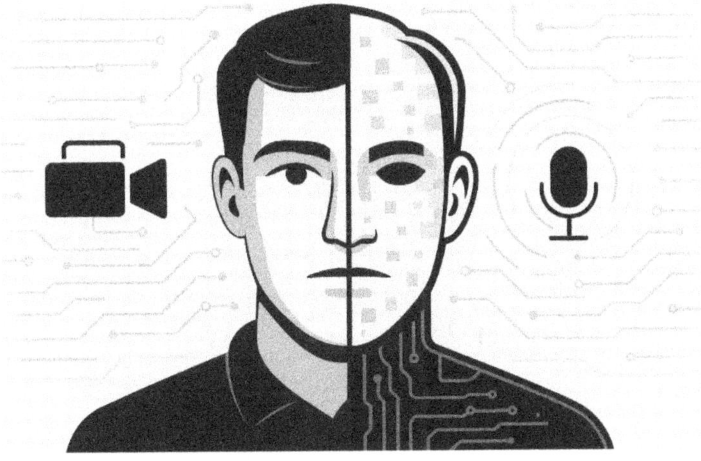

DEEPFAKE

Un deepfake è un contenuto audio o video in cui il volto, la voce o l'intero comportamento di una persona vengono ricreati artificialmente. Se fino a poco tempo fa era semplice riconoscere un video falsificato da uno autentico, oggi le tecnologie generative hanno superato questa barriera.

Basta un breve campione vocale per replicare la voce di chiunque. Bastano pochi minuti di immagini per generare un volto in movimento che dice cose mai pronunciate. Le implicazioni sono enormi. Politici che sembrano fare dichiarazioni esplosive, manager che sembrano licenziare dipendenti, figli che sembrano chiedere soldi ai genitori. Ma anche persone comuni che si ritrovano protagoniste di video falsi a sfondo sessuale, truffe affettive, ricatti digitali. Il deepfake non è solo una minaccia per la verità pubblica, ma un attacco diretto all'identità individuale. Ciò che vediamo non è più una garanzia di autenticità.

L'evidenza visiva ha perso valore. Quando la realtà può essere falsificata con tale precisione, la fiducia è a rischio. I deepfake sono solo la punta dell'iceberg. Più silenzioso, ma altrettanto devastante, è il fenomeno dei furti di dati. Ogni giorno, i nostri dispositivi generano una quantità impressionante di informazioni: geolocalizzazione, cronologia di navigazione, preferenze di acquisto, interazioni social, registrazioni vocali, immagini, documenti e molto altro. Questi dati, che dovrebbero restare nostri, vengono spesso raccolti, analizzati, rivenduti e archiviati in server sparsi per il mondo.

Potenziali rischi deepfake

A volte con il nostro consenso inconsapevole, altre volte senza alcuna autorizzazione. Il rischio non è solo che i dati finiscano nelle mani di aziende interessate a venderci prodotti, ma anche in quelle di hacker, truffatori o regimi autoritari. Con i dati giusti, si può costruire un profilo dettagliato di una persona: abitudini, fragilità, contatti, routine quotidiana. E con queste informazioni, si possono orchestrare attacchi mirati, frodi o estorsioni. Il furto di identità è una realtà quotidiana: una persona può scoprire che qualcuno ha aperto un conto corrente a suo nome, ottenuto un finanziamento, o effettuato acquisti online sfruttando credenziali sottratte attraverso phishing e ingegneria sociale. L'ingegneria sociale è oggi amplificata dall'intelligenza artificiale.

Rischi di truffe

Se prima un truffatore doveva scrivere email artigianali, oggi può usare sistemi come ChatGPT per generare messaggi perfetti, persuasivi, grammaticalmente corretti, personalizzati sul profilo della vittima. L'IA viene usata per scrivere email che sembrano autentiche, per creare chatbot fittizi che simulano agenti di banca, per generare pagine di login identiche a quelle originali. Tutto questo rende le truffe sempre più convincenti, sofisticate e difficili da individuare.

Un clic può bastare per compromettere un intero sistema. Un messaggio vocale falso può convincere una persona a fare un bonifico urgente. Una videochiamata contraffatta può trarre in inganno anche gli utenti più attenti. In questo nuovo contesto, la sicurezza non può più essere solo una questione tecnica: diventa una questione culturale. Dobbiamo imparare a dubitare con intelligenza, a riconoscere i segnali, a proteggerci con strumenti nuovi e soprattutto con una mentalità critica. Le truffe più avanzate oggi simulano dinamiche familiari, affettive o professionali: un figlio finto che piange al telefono, una voce clonata del proprio responsabile che chiede di eseguire un pagamento urgente, un video in cui si appare protagonisti di una situazione compromettente.

Lo scopo non è solo sottrarre denaro, ma anche disorientare, impaurire, mettere la vittima in condizione di agire senza pensare. E quando l'IA è usata per alterare i meccanismi della fiducia, la difesa non può basarsi solo sulla tecnologia: deve poggiare su una nuova etica della comunicazione digitale. La manipolazione generata da IA rappresenta una minaccia anche per l'opinione pubblica e per la democrazia. Contenuti deepfake possono essere diffusi con velocità virale per distruggere la reputazione di una figura pubblica, falsificare una dichiarazione politica, influenzare il voto.

I bot potenziati da IA vengono già utilizzati per commentare articoli, orientare discussioni e alimentare la polarizzazione sociale. La disinformazione algoritmica ha il potere di cambiare le opinioni in modo invisibile e sistematico. In una società sempre più connessa, il rischio non è solo quello di essere manipolati come individui, ma di perdere la capacità collettiva di distinguere il vero dal falso. È una sfida che richiede risposte nuove, regolamentazione avanzata e collaborazione tra governi, media e piattaforme digitali. I più esposti a questi rischi sono i giovani. Bambini e adolescenti crescono immersi in ambienti digitali in cui l'intelligenza artificiale è presente ovunque: nei giochi, nei social, nei filtri delle fotocamere, nei chatbot. La loro percezione del reale si forma in uno spazio ibrido, dove identità, immagine e relazione vengono filtrate dalla tecnologia.

I rischi sono molteplici: dipendenza, esposizione a contenuti manipolati, alterazione dell'autostima, fiducia eccessiva in interlocutori artificiali. È necessario introdurre una nuova forma di educazione civica digitale: non solo su "come usare Internet", ma anche su "come riconoscere l'intelligenza artificiale, come difendersi dalle sue distorsioni, come scegliere consapevolmente a chi affidare i propri dati. La responsabilità non può essere lasciata solo alle famiglie: servono scuole pronte, docenti formati, programmi ufficiali che trattino l'IA come parte integrante del curriculum. Le piattaforme digitali, dal canto loro, non possono più limitarsi a ospitare i contenuti.

Devono assumere una responsabilità etica e tecnica per contrastare manipolazioni, truffe e deepfake. Questo significa dotarsi di strumenti di rilevamento, rafforzare la moderazione algoritmica, collaborare con enti indipendenti e rendere trasparenti le regole di distribuzione dei contenuti. Le IA che generano contenuti dovrebbero avere una firma digitale identificabile. I contenuti generati artificialmente dovrebbero essere chiaramente segnalati. E soprattutto, ogni utente dovrebbe avere il diritto di sapere se sta interagendo con un essere umano o con una macchina. In questo contesto così complesso, emerge la necessità di costruire una vera e propria etica della resilienza digitale. Essere utenti consapevoli non significa solo evitare errori, ma saper reagire con lucidità quando si è bersaglio di un attacco, saper chiedere aiuto, sapere dove segnalare. Costruire comunità digitali sane significa anche creare reti di supporto tra utenti: educazione reciproca, condivisione di buone pratiche, segnalazione attiva dei contenuti sospetti. La sicurezza non nasce solo dai software, ma dalla cultura. Un utente informato è la prima linea di difesa contro la manipolazione. Il futuro digitale non sarà mai totalmente sicuro.

Etica della resilienza digitale

Ogni nuova tecnologia porta con sé nuovi rischi, nuove vulnerabilità e nuovi abusi. Tuttavia, possiamo costruire una sicurezza adattiva, dinamica, intelligente che non è basata sulla paura, ma sulla consapevolezza. Non sull'illusione della protezione totale, ma sulla capacità di reagire, imparare e prevenire. In fondo, la sicurezza non è mai un punto di arrivo. È una pratica costante. Un modo di stare nel mondo. Un equilibrio da mantenere ogni giorno, in un ambiente che cambia continuamente. E in questo, l'intelligenza artificiale può essere un supporto formidabile. Ma solo se decidiamo di usarla con responsabilità, trasparenza e rispetto per la nostra libertà.

E' probabile che nei prossimi dieci - quindici anni vivremo una fase che potremmo definire una distopia, inevitabile e difficile da aggirare. Si tratterà di un periodo segnato da circostanze avverse, destinate a crescere fino a superare la nostra capacità di controllo. I concetti stessi di libertà, responsabilità e connessione umana, così come quelli di disuguaglianza, economia, realtà, innovazione, business e potere, verranno profondamente ridefiniti. Non sarà l'intelligenza artificiale in sé a stabilire questi cambiamenti, ma il modo in cui l'umanità deciderà di affrontarli, la moralità con cui saprà governare l'ascesa delle nuove tecnologie. Nel breve termine, attori malevoli sfrutteranno l'IA a proprio vantaggio e ci troveremo ad attraversare una fase critica, fatta di rischi e di fragilità. Sono convinto, però, che oltre questo passaggio si apra la prospettiva di un futuro diverso, più equilibrato e forse persino utopico. Per arrivarci dovremo prepararci a un mondo radicalmente nuovo, con dinamiche che oggi ci appaiono estranee e difficili da immaginare. i primi segnali emergeranno già nel 2026 al più tardi nel 2027. Le cause non vanno cercate soltanto nei fenomeni di "superficie", ma nelle forze profonde che modellano la nostra epoca. Tra tutte, la più determinante resta il denaro, che continua a rappresentare il motore invisibile delle scelte collettive e individuali.

CAPITOLO 19

COSTRUIRE IL FUTURO: IL TUO RUOLO NELLA RIVOLUZIONE DELL'IA

Il futuro non è qualcosa che accade. È qualcosa che si costruisce. Giorno dopo giorno, decisione dopo decisione, algoritmo dopo algoritmo. L'intelligenza artificiale è oggi una delle forze più potenti e pervasive che stiano plasmando il mondo. Ma non è una forza cieca. Non è inevitabile. Non è neutrale. È uno strumento, e come ogni strumento riflette le mani che lo impugnano, le menti che lo progettano, le intenzioni che lo orientano.

In un tempo in cui tutto sembra accelerare, in cui l'innovazione sembra correre più veloce della nostra capacità di comprenderla, serve una nuova postura umana: non quella del semplice spettatore, né quella del consumatore passivo, ma quella del costruttore consapevole.

Costruire il futuro

Perché il futuro dell'IA non è scritto nel codice. È scritto nelle scelte di chi la usa, di chi la insegna, di chi la regola, di chi la contesta, di chi la vive. Il tuo ruolo, oggi, è più centrale che mai. Non importa che tu sia uno sviluppatore o un insegnante, un medico o uno studente, un imprenditore o un artista. L'intelligenza artificiale ti riguarda, perché riguarda il modo in cui pensiamo, comunichiamo, impariamo, decidiamo, creiamo e giudichiamo. E nessuno è escluso dalla responsabilità di modellare il futuro.

La rivoluzione dell'IA non è solo tecnica. È culturale. È sociale. È antropologica. Non basta capirne i principi matematici o le architetture computazionali. Bisogna capirne le implicazioni sull'essere umano. Sulla libertà. Sulla verità. Sulla giustizia. Sull'identità. Sulla relazione. Per farlo, serve una nuova alfabetizzazione. Non basta più saper leggere, scrivere e far di conto. Serve imparare a leggere i dati, a scrivere prompt, a contare le implicazioni. Serve riconoscere un deepfake, capire cosa fa un algoritmo di raccomandazione, sapere quando una risposta generata è plausibile ma sbagliata. Ma serve anche, e soprattutto, allenare lo spirito critico, la lentezza riflessiva, il dubbio costruttivo. Perché l'IA può imitare molte cose, ma non la consapevolezza. Quella resta un privilegio umano, e un dovere. In un mondo dove tutto è ottimizzato, l'unica vera resistenza è la coscienza. E la coscienza non si delega.

Costruire il futuro dell'IA significa assumersi la responsabilità delle sue conseguenze. Ogni tecnologia amplifica ciò che siamo. Se la usiamo per controllare, amplificherà il controllo. Se la usiamo per comprendere, amplificherà la conoscenza. Se la usiamo per escludere, diventerà un muro. Se la usiamo per includere, sarà un ponte. Non esistono IA buone o cattive in sé. Esistono IA che riflettono scelte buone o cattive. E quelle scelte spettano a noi.

Un equilibrio tra vita e IA

Ogni algoritmo è un'etica codificata. Ogni decisione automatizzata è una visione del mondo applicata. Ogni interfaccia è una pedagogia implicita. Per questo non possiamo limitarci a usare gli strumenti: dobbiamo interrogarli, criticarli, correggerli, reinventarli. La neutralità non è un'opzione. E ogni rinuncia alla comprensione è una cessione di potere. Per costruire un futuro in cui l'IA sia al servizio dell'uomo, e non viceversa, serve uno sforzo collettivo, intergenerazionale, interdisciplinare. Serve la tecnica, ma anche l'etica. Serve il mercato, ma anche la filosofia. Serve il codice, ma anche la politica. E serve, soprattutto, una visione condivisa di ciò che vogliamo diventare.

Molti temono che l'IA ci sostituirà. In realtà, la domanda più importante non è "cosa farà la macchina?", ma "cosa faremo noi?". Saremo capaci di usare la potenza dell'IA per liberarci dalle attività ripetitive, dalle scelte superficiali, dalle distrazioni inutili, e recuperare il tempo per pensare, immaginare, costruire relazioni autentiche, coltivare il silenzio, esplorare l'ignoto? Oppure ci accontenteremo di vivere in un flusso continuo di automazioni che ci sollevano dalla fatica, ma anche dalla responsabilità? La grande sfida non è evitare l'IA, ma affiancarla. Non subirla, ma guidarla. Non combatterla, ma renderla nostra alleata.

IA come alleata

Questo richiede una nuova visione dell'essere umano. Non più solo come produttore o consumatore, ma come co-creatore. L'uomo aumentato non è quello che sa tutto, ma quello che sa scegliere cosa vale la pena sapere. Non quello che fa di più, ma quello che sa quando è il momento di fermarsi. Non quello che domina la macchina, ma quello che sa dialogare con essa.

Costruire il futuro dell'IA significa anche riconoscere i suoi limiti. L'IA non prova emozioni. Non ha esperienze incarnate. Non conosce la paura, l'amore, la speranza, la vergogna. Non sa cosa significhi sbagliare con conseguenze reali. Non conosce il dolore di una perdita, né la gioia inattesa di un incontro.

Tutte queste dimensioni, che sembrano accessorie, sono invece il cuore dell'essere umano, e sono anche ciò che può orientarci nell'uso dell'IA. Non dobbiamo chiederle di essere come noi. Dobbiamo chiederci cosa significa essere noi, in un mondo che cambia. E scegliere, ogni giorno, di restare presenti. Di non demandare alla macchina le domande più profonde. Di non smettere di cercare un senso anche quando una risposta ci viene data in un secondo. La velocità è nemica della profondità. E l'IA, per quanto straordinaria, non può sostituire il mistero.

Il tuo ruolo nella rivoluzione dell'IA non è passivo. È attivo. È decisivo. Ogni volta che scegli un'applicazione, che accetti un contratto, che generi un contenuto, che condividi un'informazione, stai partecipando alla costruzione di un ecosistema. Ogni clic è una preferenza che viene registrata, un comportamento che viene tracciato, una direzione che viene rafforzata. Per questo non esistono azioni neutre nel mondo digitale. Ogni interazione è un atto politico, culturale e sociale. E ogni piccolo gesto, se moltiplicato per miliardi, plasma la direzione della società. Non aspettare che qualcun altro faccia le scelte giuste. Non delegare. Non pensare di non essere abbastanza esperto. L'esperienza si costruisce. L'etica si coltiva. La consapevolezza si allena. E il futuro si scrive anche con le tue mani.

Essere umani nell'epoca dell'intelligenza artificiale significa anche difendere ciò che non può essere replicato: l'intuizione che nasce da un sogno, la fragilità che apre alla compassione, l'arte imperfetta che commuove, la voce che trema per un'emozione vera. L'IA può produrre opere, ma non può attribuirgli un significato profondo. Può imitare uno stile, ma non può soffrire, né gioire nel farlo. L'arte umana ha valore non perché è tecnicamente perfetta, ma perché è irripetibile. Ogni pennellata è una scelta, ogni nota una storia, ogni parola un frammento di coscienza. La creatività non è solo output: è intenzione, contesto, esperienza. In un futuro pieno di contenuti generati automaticamente, ciò che sarà raro sarà la presenza autentica dell'autore; proprio per questo, sarà ancora più preziosa.

Anche l'immaginazione ha un ruolo fondamentale. Spesso pensiamo al futuro solo attraverso scenari distopici: robot che ci dominano, algoritmi che ci schiavizzano, macchine che ci superano. Ma chi ha detto che non possiamo immaginare un futuro diverso? Un futuro dove la tecnologia aiuta l'umanità a esprimersi meglio, a curarsi meglio, a educarsi meglio. Un futuro in cui l'IA è trasparente, inclusiva, sostenibile. Un futuro in cui le comunità decidono come usare l'innovazione per risolvere problemi reali. Immaginare non è evasione. È progettazione. È un atto politico, culturale, educativo. Più persone immaginano insieme, più il futuro si apre a possibilità diverse. Non serve essere ingegneri per influenzare il corso della tecnologia. Serve essere cittadini capaci di desiderare qualcosa di migliore.

Il vero pericolo dell'IA non è che ci superi in tutto, ma che ci porti a delegare troppo, a non voler più scegliere, a non voler più pensare, a non voler più sentire. L'IA può semplificare la vita, ma se ci deresponsabilizza, allora ci impoverisce. La vera sfida è coltivare una cultura della presenza, della scelta consapevole, della lentezza intelligente. E per farlo, dobbiamo rifiutare l'idea che la comodità sia sempre il bene più alto. Ci sono scelte difficili che vanno affrontate. Errori che vanno compiuti. Tempi lunghi che vanno rispettati. La macchina ci offre scorciatoie, ma il senso spesso si trova nei sentieri più tortuosi.

Anche chi non ha competenze tecniche può contribuire. Chi insegna può educare alla responsabilità. Chi scrive può raccontare scenari alternativi. Chi lavora può scegliere strumenti etici. Chi consuma può premiare le aziende che rispettano la privacy. Chi progetta può pensare a interfacce più inclusive. Chi regola può scrivere leggi giuste. Chi vota può chiedere trasparenza. Chi crea può ricordare che il valore non sta solo nel prodotto, ma nel processo. Ognuno ha un pezzo di futuro tra le mani. E ogni piccolo gesto ha un'eco più ampia di quanto sembri.

Umanità e intelligenza Artificiale

Un futuro migliore insieme all'IA

Abbiamo una responsabilità immensa. Ma anche una possibilità straordinaria. Per la prima volta nella storia, stiamo costruendo qualcosa che può pensare con noi, apprendere da noi, agire per noi. Ma anche qualcosa che può imparare i nostri errori, replicare i nostri pregiudizi, amplificare le nostre paure. È una sfida unica, e non ci sarà un secondo tentativo. Per questo è fondamentale scegliere ora in che direzione andare. Verso un'intelligenza artificiale che ci sostituisce, o che ci accompagna. Che ci controlla, o che ci emancipa. Che ci standardizza, o che ci diversifica. Che ci deresponsabilizza, o che ci potenzia. La tecnologia è già qui. Il cambiamento è in atto. Ora tocca a noi decidere chi vogliamo essere. Non dobbiamo diventare più simili alle macchine. Dobbiamo diventare più profondamente umani. Solo così potremo abitare il futuro con dignità, lucidità e speranza.

CONCLUSIONI

UN NUOVO INIZIO

Abbiamo attraversato insieme un viaggio che ci ha condotti dai fondamenti dell'intelligenza artificiale alle sue implicazioni più profonde, non solo sul piano tecnico, ma anche umano, sociale ed etico. Questo libro non è nato per insegnare formule o modelli, ma per offrire strumenti di comprensione, chiavi di lettura e prospettive. La tecnologia si evolve, ma il modo in cui scegliamo di relazionarci a essa definisce chi siamo, oggi e domani. Abbiamo osservato come l'IA stia già trasformando il lavoro, l'educazione, la creatività e le relazioni personali. Ma forse la scoperta più importante è che l'intelligenza artificiale non riguarda solo le macchine: riguarda noi. È uno specchio in cui vediamo riflessi i nostri desideri, le nostre paure, le nostre contraddizioni. È una lente che amplifica le nostre decisioni. È un acceleratore che mette alla prova i nostri valori.

Nel corso delle pagine hai incontrato sfide e possibilità. Hai visto come l'IA possa automatizzare compiti ripetitivi, ma anche amplificare le disuguaglianze Come possa generare arte, ma anche manipolare l'opinione pubblica. Come possa aiutare a curare malattie, ma anche invadere la privacy. Nulla di ciò che l'IA fa è neutrale. Ogni applicazione è una scelta, ogni algoritmo è una direzione. E da queste scelte, collettive e individuali, nascerà la qualità della vita futura. Questo non deve spaventarti: deve responsabilizzarti. Perché il vero potere non è nei codici, ma nella coscienza di chi li scrive, li usa e li interroga. Il ruolo dell'essere umano non si riduce con l'IA. Si trasforma. Ed è proprio in questo momento di trasformazione che serve una nuova consapevolezza. Serve una visione lucida, che sappia vedere oltre la promessa del progresso e indagare il suo prezzo. Serve una volontà attiva, che non si limiti a reagire al cambiamento, ma che scelga di orientarlo.

Non dobbiamo per forza essere sviluppatori, ingegneri o scienziati per entrare in questa rivoluzione. Ma dobbiamo essere cittadini informati, curiosi e critici. Dobbiamo coltivare competenze nuove, certo, ma soprattutto dobbiamo allenare l'attenzione, il discernimento e l'etica. Perché l'intelligenza artificiale sa rispondere, ma non sa chiedere. Sa calcolare, ma non sa ascoltare. Sa generare, ma non sa scegliere. E proprio in ciò che l'IA non può fare si trova lo spazio più sacro della nostra umanità. È lì che dobbiamo restare vigili. È lì che dobbiamo continuare a operare, a sognare, a costruire.

La verità è che ogni epoca ha avuto le sue sfide. L'invenzione della stampa, l'arrivo dell'elettricità, l'esplosione di Internet. Ognuna ha ridisegnato la società, il lavoro e la cultura. Tuttavia, nessuna di queste trasformazioni ha chiesto all'uomo di ridefinire così a fondo il proprio posto nel mondo. L'intelligenza artificiale lo fa. E per questo non possiamo affrontarla con superficialità. Questo è il momento in cui la tecnologia smette di essere solo strumento e diventa interlocutore. Non dobbiamo combatterla, ma nemmeno adorarla. Dobbiamo parlarle, correggerla, comprenderla. E soprattutto, dobbiamo imparare a comprenderci meglio attraverso di lei.

Questo libro si chiude, ma ciò che inizia ora è la parte più interessante: la tua.

Il futuro è ora!

Hai tra le mani strumenti nuovi, ma soprattutto domande nuove. E sono proprio le domande a muovere il mondo. Non devi avere tutte le risposte. Ti basta avere la volontà di cercarle. Il futuro non è qualcosa che accade altrove. Il futuro è una direzione che prende forma ogni volta che scegli di essere presente, consapevole, curioso. Ogni volta che decidi di capire prima di accettare. Ogni volta che scegli di creare, invece di copiare. Ogni volta che chiedi "perché?" invece di limitarti a "come?".

Benvenuto. Il tuo nuovo inizio comincia adesso.

APPENDICE

Glossario dei termini chiave

AI act: regolamento proposto dall'Unione Europea per regolamentare l'uso dell'intelligenza artificiale, classificando i rischi e stabilendo obblighi per sviluppatori e utilizzatori.

AI Act: Regolamento proposto dall'Unione Europea per regolamentare l'uso dell'intelligenza artificiale, classificando i rischi e stabilendo obblighi per sviluppatori e utilizzatori.

AI ethics: Branca dell'etica che studia l'impatto dell'intelligenza artificiale sulla società, ponendo interrogativi morali su equità, trasparenza, giustizia e responsabilità.

AI generativa: Categoria di intelligenza artificiale capace di creare nuovi contenuti come testo, immagini, musica o codice, partendo da dati esistenti.

AI literacy: Capacità di comprendere, usare e valutare criticamente le tecnologie basate su intelligenza artificiale, fondamentale per cittadini e professionisti del futuro.

AI spiegabile (Explainable AI / XAI): Ramo dell'IA che mira a rendere trasparenti e interpretabili le decisioni dei modelli complessi, favorendo fiducia e controllo umano.

Algoritmo: insieme di istruzioni logiche e matematiche che un computer esegue per risolvere un problema o compiere un'azione.

Apprendimento automatico (Machine Learning): tecnologia che consente ai computer di apprendere dai dati e migliorare nel tempo senza essere esplicitamente programmati.

Apprendimento supervisionato: tecnica di machine learning in cui il modello viene addestrato su dati etichettati, cioè con input e output noti.

Apprendimento non supervisionato: tecnica in cui il modello cerca pattern o strutture nei dati senza output noti.

Apprendimento per rinforzo: tecnica in cui un agente impara compiendo azioni e ricevendo feedback sotto forma di ricompense o penalità.

Assistente virtuale: software basato su IA progettato per interagire con l'utente, comprendere comandi vocali o testuali e svolgere compiti specifici.

Augmented intelligence: approccio che vede l'IA come uno strumento per potenziare l'intelligenza umana, non per sostituirla.

Autenticazione biometrica: sistema di sicurezza che utilizza caratteristiche biologiche uniche (come impronte digitali o riconoscimento facciale) per identificare un utente.

Automazione: uso della tecnologia per eseguire compiti ripetitivi o complessi senza intervento umano diretto.

AutoML (Automated Machine Learning): processo che automatizza la selezione, la configurazione e l'ottimizzazione dei modelli di machine learning

Bias: distorsione nei dati o negli algoritmi che porta a decisioni sbilanciate o discriminatorie.

Black box: sistema IA di cui non è chiaro il funzionamento interno, rendendo difficile la spiegazione di come prende decisioni.

Blockchain: registro digitale decentralizzato che registra transazioni in modo sicuro, immutabile e trasparente.

Bolla informativa: situazione in cui un utente riceve solo contenuti coerenti con le sue opinioni, limitando la sua esposizione a punti di vista diversi.

Chatbot: programma basato su IA progettato per simulare conversazioni con esseri umani, spesso utilizzato nel customer service.

Coach virtuale: assistente digitale che guida l'utente nel raggiungimento di obiettivi personali o professionali.

Coscienza artificiale: concetto teorico secondo cui un'IA potrebbe sviluppare consapevolezza di sé. Attualmente resta un'ipotesi speculativa.

Content moderation: processo automatizzato o manuale di controllo dei contenuti online per rimuovere quelli inappropriati o dannosi.

Cybersecurity: disciplina che protegge sistemi, reti e dati da attacchi digitali e accessi non autorizzati.

Data breach: violazione della sicurezza informatica che comporta l'accesso, la diffusione o il furto di dati sensibili.

Data labeling: processo di assegnazione di etichette ai dati per addestrare modelli di machine learning supervisionato.

Deepfake: contenuto multimediale manipolato tramite IA per sembrare autentico, spesso a scopo ingannevole.

Deep learning: sottocategoria del machine learning che utilizza reti neurali artificiali profonde per analizzare dati complessi.

Digital twin (Gemello digitale): replica virtuale di un oggetto o sistema reale utilizzata per simulazioni e analisi predittive.

Disinformazione automatizzata: diffusione di contenuti falsi o fuorvianti generati o amplificati da sistemi di IA.

Dipendenza cognitiva da IA: tendenza crescente a delegare ogni tipo di scelta o riflessione all'intelligenza artificiale, riducendo il pensiero critico individuale.

Educazione all'IA (IA Education): percorso formativo che aiuta a comprendere e usare consapevolmente l'intelligenza artificiale, anche senza competenze tecniche.

Ethics by design: principio secondo cui i valori etici devono essere integrati fin dall'inizio nella progettazione di tecnologie di IA.

Federated learning: metodo di addestramento distribuito che mantiene i dati sui dispositivi locali, proteggendo la privacy.

Few-shot learning: tecnica in cui un modello di IA impara a generalizzare da un numero molto limitato di esempi.

Fine-tuning: tecnica per migliorare un modello di IA precedentemente addestrato su un compito specifico usando nuovi dati.

GAN (Generative Adversarial Network): architettura di IA composta da due reti neurali contrapposte che generano contenuti realistici.

Gamification: uso di dinamiche di gioco in contesti non ludici per aumentare l'engagement e la motivazione.

Halving: evento programmato nella blockchain di Bitcoin che dimezza la ricompensa dei miner ogni 4 anni circa.

IA emotiva (Emotional IA): tecnologia che cerca di rilevare le emozioni umane e rispondere a esse attraverso segnali vocali, facciali o comportamentali.

IA ethics: branca dell'etica che studia l'impatto dell'intelligenza artificiale sulla società, ponendo interrogativi morali su equità, trasparenza, giustizia e responsabilità.

IA generativa: categoria di intelligenza artificiale capace di creare nuovi contenuti come testo, immagini, musica o codice, partendo da dati esistenti.

IA emotiva (Emotional AI): Tecnologia che cerca di rilevare e rispondere alle emozioni umane attraverso segnali vocali, facciali o comportamentali.

IA generativa multimodale: modello di IA capace di elaborare e integrare diversi tipi di input (testo, immagini, suoni, video) per generare contenuti complessi.

IA literacy: capacità di comprendere, usare e valutare criticamente le tecnologie basate su intelligenza artificiale, fondamentale per cittadini e professionisti del futuro.

IA spiegabile (Explainable AI / XAI): ramo dell'IA che mira a rendere trasparenti e interpretabili le decisioni dei modelli complessi, favorendo fiducia e controllo umano.

Interfaccia neurale: tecnologia che collega direttamente il cervello umano a dispositivi digitali per scopi di controllo o comunicazione.

Manipolazione algoritmica: influenza esercitata dalle piattaforme digitali tramite algoritmi che selezionano e ordinano contenuti con l'obiettivo di modificare opinioni o comportamenti.

Metaverso: spazio virtuale persistente tridimensionale in cui le persone interagiscono tra loro e con oggetti digitali attraverso avatar.

Mindset IA-ready: atteggiamento mentale aperto, critico e flessibile necessario per adattarsi consapevolmente al mondo dominato dall'IA.

Modello linguistico: sistema di IA addestrato per comprendere e generare testo in linguaggio naturale.

Modello multimodale: modello di IA che elabora input di diversa natura (testo, immagini, audio) per produrre risposte integrate.

NFT (Non-Fungible Token): certificato digitale unico, registrato su blockchain, che attesta la proprietà di un bene digitale.

Overfitting: situazione in cui un modello di IA apprende troppo bene i dati di addestramento, perdendo capacità di generalizzazione.

Personal IA: assistente intelligente personalizzato che si adatta allo stile, ai bisogni e ai comportamenti dell'utente.

Phishing: tecnica fraudolenta usata per ottenere informazioni sensibili presentandosi come entità affidabile.

Prompt: frase, comando o input inserito in un sistema di IA per generare una risposta o un contenuto.

Prompt engineering: l'arte e la tecnica di progettare prompt ottimali per ottenere risultati precisi da modelli generativi.

Proof of Work (PoW): meccanismo di consenso della blockchain basato su calcoli complessi per validare transazioni e creare nuovi blocchi.

Proof of Stake (PoS): meccanismo di consenso che seleziona i validatori in base alla quantità di criptovaluta messa in stake, riducendo i consumi energetici.

Reinforcement learning: metodo di apprendimento in cui un agente prende decisioni sulla base di ricompense e penalità ricevute dall'ambiente.

Rete neurale artificiale: sistema informatico ispirato alla struttura del cervello umano, composto da nodi (neuroni) interconnessi.

Rete neurale convoluzionale (CNN): rete neurale progettata per elaborare dati visivi, come immagini e video.

Rete neurale ricorrente (RNN): rete neurale ideale per dati sequenziali, come testi o serie temporali.

Riconoscimento vocale: tecnologia che permette ai dispositivi di comprendere e interpretare la voce umana.

Security adattiva (Sicurezza digitale adattiva): approccio alla sicurezza informatica che si adatta in tempo reale alle minacce emergenti.

Self Sovereign Identity (SSI): modello di identità digitale decentralizzata in cui l'utente controlla completamente i propri dati.

Singolarità tecnologica: ipotesi secondo cui l'intelligenza artificiale supererà quella umana, avviando uno sviluppo incontrollabile e imprevedibile.

Social engineering: tecnica di manipolazione psicologica usata per indurre le persone a rivelare informazioni confidenziali.

Speech synthesis: tecnologia che converte il testo scritto in voce artificiale.

Synthetic data: dati generati artificialmente tramite algoritmi di IA per addestrare modelli senza usare dati reali.

Text-to-image: tecnologia che genera immagini a partire da descrizioni testuali.

TinyML: tecnica che porta l'IA su dispositivi a bassissimo consumo, come sensori e dispositivi indossabili.

Token: unità minima di linguaggio con cui un modello di IA lavora per analizzare o generare testo.

Tokenizzazione: processo di suddivisione del testo in token per essere poi elaborato da un modello linguistico.

Training set: insieme di dati utilizzati per addestrare un modello di intelligenza artificiale.

Two-factor authentication (2FA): metodo di sicurezza che richiede due modalità di verifica per accedere a un sistema o servizio.

Visione artificiale: ramo dell'IA che consente ai computer di interpretare ed estrarre informazioni da immagini o video.

Watermark digitale: segnale visivo o invisibile incorporato in un contenuto digitale per verificarne la provenienza o l'autenticità.

Whitepaper: documento tecnico che descrive in dettaglio un progetto o una tecnologia.

Zero-shot learning: capacità di un modello di IA di eseguire compiti mai visti prima senza bisogno di addestramento specifico.

www.ingramcontent.com/pod-product-compliance
Lightning Source LLC
LaVergne TN
LVHW022147071026
849580LV00015B/2288
* 9 7 8 3 9 8 9 2 9 2 8 6 4 *